창의 융합 소통
대학 글쓰기

창의 융합 소통 대학 글쓰기

초판 1쇄 발행 2019년 2월 28일
개정 증보판 1쇄 발행 2025년 3월 4일

지은이 | 최재선, 이병순, 정경민, 문선영

펴낸곳 | (주)태학사
등 록 | 제406-2020-000008호
주 소 | 경기도 파주시 광인사길 217
전 화 | 031-955-7580
전 송 | 031-955-0910
전자우편 | thspub@daum.net
홈페이지 | www.thaehaksa.com

값 16,000원

ISBN 979-11-6810-345-0 (93800)

개정 증보판

창의 융합 소통
대학 글쓰기

최재선, 이병순, 정경민, 문선영

태학사

머리말

인공지능 시대,
'인간의, 인간에 의한, 인간을 위한' 글쓰기를 기대하며

글쓰기 교재를 마무리하는 시점에서 중국 스타트업 딥시크(DeepSeek)에서 개발한 '딥시크-R1' 인공지능 모델에 대한 소식을 듣는다. 오픈AI의 챗지피티보다 가성비가 뛰어난 AI라고 하니 보다 신속하게 지식 생태계를 바꿔 놓을 듯하다. 챗지피티가 바꿔 놓은 글쓰기의 자장이 이번에는 어떤 방식으로 펼쳐질지 상상해 보지만 긍정적인 기대보다 왠지 걱정이 앞선다.

글을 쓰는 것은 인간이 할 수 있는 고유한 일 중의 하나로 성찰과 사색이 함께 하는 창의적인 행위이다. 첨단 기술이 인간의 사고와 노동을 대신해 주는 편리한 세상이지만 어쩐지 인간의 영역을 인공지능에게 내어주고 인간이 설 자리를 잃어가는 것만 같아 두렵기도 하다. 클릭 한 번이면 순식간에 수많은 지식을 무상으로 얻을 수 있는 인공지능 무한 사용의 시대에 글쓰기의 의미를 생각해 본다. 대학에서의 학습도 시대의 변화를 거스를 수 없으니 인공지능의 활용은 가히 놀라울 정도다. 한 편의 글을 쓰기 위해 고군분투하며 흰 종이 앞에서 고민하던 시절은 전설이 된 듯하다.

개인의 지식이 인공지능을 능가할 수는 없지만 '생각하는 인간'의 정체성을 포기할 수 없기에 지혜롭게 시대와 조응하고 비판적으로 시대를 성찰할 수 있는 힘을 기르는 것이 더욱 필요한 때이다. 이번 글쓰기 교재는 그런 문제의식 속에서 만들어졌다. 어쩌면 시대를 역행하여 더욱 원초적으로 생각하고 글을 쓰는 수업을 하고 싶은 교수자의 마음을 담았을지도 모른다. 개정판이기에 지난 교재에서 필요한 부분은 살리고 다시 넣어야 할 것들을 보완했다.

대학 신입생들이 대학에 입학하여 한 학기 만에 글로써 정확히 소통하고, 자신을 표현할 수 있는 힘을 기르는 일은 쉽지 않다. 그럼에도 우리는 그들의 내면에 숨겨진 표현의 욕망과 상상의 힘을 믿는다. 그들이 세상의 파고에 휩쓸리지 않고 비판적으로 사고하고 주체적으로 행동할 수 있는 지성인으로 성장하기 위해 필요한 소양을 배울 수 있도록 돕길 원한다. 이때 지나친 열정보다 절제와 균형이 필요하다는 것을 알고 있다. 그러나 책을 만들다 보니 다시 길어지게 된다. 미안한 일이다.

책의 구성은 네 장으로 이루어졌다. 1장은 글을 쓰기 위해 필요한 창의적 사고를 여는 것이다. 글을 쓰는 행위가 생각 주머니를 열지 않고는 어떤 것도 새롭게 담을 수 없으니 학습자의 마음을 흔들어 사고를 촉진하고 창의를 일으키는 것이 필요하다. 타인과 공동체를 향하여 마음을 열고, 함께 나누며 협력하는 자세야말로 나와 타자가 함께 성장하는 길임을 배워야 한다. 이를 위해서는 무엇보다 자신에 대한 탐색과 성찰이 필요하다. 이 장에서는 열린 마음과 겸손한 자세로 나를 돌아보며 정직한 글쓰기를 하기 위한 마음 밭을 다지게 된다.

2장은 시대적 상황을 반영하여 '디지털 시대의 글쓰기와 윤리'에 대해 학습한다. 일인 미디어의 범람과 정보의 홍수 속에서 주체의 소멸을 겪지 않고 비판적 관점을 유지하며 세상을 살아가기 위해서는 미디어 리터러시가 필요하다. 더불어 지식인으로서 올바른 글쓰기를 위해 필요한 글쓰기의 윤리적 지침과 방법에 대해서도 알아야 한다.

3장은 글쓰기의 기본을 배울 수 있도록 구성했다. 글쓰기의 절차를 익히고 완결된 한 편의 글을 쓰기까지의 과정을 자세히 정리했다. 이제 서서히 스스로 글을 쓰는 훈련이 시작된다. 한글 어문 규정에 따라 우리말 우리글에 대한 정확한 이해와 사용을 도모했으며, 대학인으로서 필요한 독해력을 위해 '요약'을 강조했다. 글 읽기와 글쓰기는 함께 할 때 시너지를 낸다는 것을 알게 될 것이다.

4장은 글쓰기의 실제 과정을 통해 다양한 종류의 글쓰기를 할 수 있도록 구성했다. 대학 생활에서 중요한 보고서, 논문 같은 학술적 글쓰기와 기획서와 같은 실용적 글쓰기를 익혀서 대학 생활에 도전적으로 적용해 보길 기대한다. 대학생을 대상으로 행해지는 다양한 활동과 공모전 참여에 도움이 될 것이다. 칼럼과 문화비평문을 읽고 쓰는 과정은 지식인의 역할과 관점의 중요성을 배우고 교양인으로서 문화적 소양을 기를 수 있는 기회가 될 것이다.

전체적인 구성에서 중점을 둔 부분은 학습자의 참여 활동이다. 글쓰기는 정신의 근육을 연마하는 것과 같아서 쓸수록 강해지고 자신감을 얻게 된다. 문제는 시작이 두렵고 과정이 지난하다는 것이다. 더욱이 공학적 사고를 기반으로 정확한 결과를 도출하는 것에 익숙한 이공계 학습자에게는 정답이 없는 글쓰기는 신기루처럼 여겨질 수도 있다. 그래서 함께하는 글쓰기, 소통하는 글쓰기가 필요하다. 타인의 글을 읽고 이야기에 귀를 기울이며, 나의 생각을 겸손하게 표현하는 것, 이것이야말로 대학 글쓰기에서 우리가 배워야 할 기본 자세다.

다시 처음의 질문으로 돌아가 보자. AI가 많은 것을 수행하는 글쓰기의 현장에서 나의 '나 됨'을 드러내고, 주체적 존재로 서기 위해서는 어떻게 해야 할 것인가. 자기만의 방에 갇혀 인공지능과 대화하고 디지털 매체로 타인의 삶을 바라보며 말과 글을 잃어가는 나약한 청년의 삶을 벗어나기 위해서는 어떻게 해야 할 것인가. 우리가 추구하는 창의·융합·소통의 글쓰기는 삭막한 시대 속에서 작은 생명의 물줄기를 흘려보낼 수 있는 사람됨의 의미를 돌아보게 한다. 이를 위해 우리는 글을 읽고, 쓰며, 나누고 함께하는 시간을 맞이하고자 한다.

한 학기의 여정으로 떠나는 글쓰기의 순례. 교수자와 학습자, 학습자 상호 간의 사랑과 신뢰를 바탕으로 내 안의 숨겨진 자아를 발견하여 당당히 '나'를 세워갈 수 있기를 바란다. 글쓰기의 고통을 통해 성장할 새내기들을 기대한다.

자, 우리 함께 행복한 글쓰기 여행을 떠나보자.

2025년 2월

최재선

차례

III 글쓰기의 기본

IV 글쓰기의 실제

I

창의적인 사고와 소통의 글쓰기

대학 글쓰기는 창의적 사고와 논리적 표현 능력을 배양하는 데에 목적이 있다. 전국 대부분의 대학에서 '글쓰기'를 교양필수 과목으로 지정한 것도 이러한 이유에서다. 대학생은 이제 학문의 길에서 접한 모든 지식과 정보들을 토대로 자신의 '생각'과 '주장'을 정립해야 하고, 이를 효과적으로 전달하기 위해 정확한 표현 능력을 키워야 한다. 특히 요즘처럼 정보와 자료가 넘쳐나고 인터넷상의 글쓰기가 일상이 된 세상에서는 더욱더 제대로 된 글쓰기 능력이 요구된다. 21세기 가장 강력한 의사소통의 도구가 바로 글쓰기이기 때문이다.

글쓰기를 할 때 가장 먼저 부딪히는 문제는 '무엇을 쓸까'이다. 컴퓨터 앞에 앉기만 하면 머릿속이 하얘지고 텅 빈 듯한 느낌이 든다. 무엇을 써야 할지 막막하기 때문이다. 대부분의 학생들이 가장 어렵다고 호소한 부분도 바로 '무엇', 즉 주제에 관한 것이다. 사실 '무엇'은 아이디어인데, 아이디어는 가만히 앉아서 무작정 생각만 한다고 나오는 게 아니다. 적극적으로 관련 자료를 찾고, 읽고, 생각해야만 주제를 잡을 수 있다.

"생각은 탄생하는 것이 아니라 만들어지는 것"이고, "생각의 기술은 평생 써먹을 수 있는 경쟁력"이라는 말이 있다. 자유로운 연상이나 게임 등을 활용해 아이디어를 만들어내고, 그것을 토대로 주제의 방향을 잡아나가는 데서부터 글쓰기는 시작된다.

이 장에서는 내 안에 들어 있는 무정형의 생각들을 찾아 형태를 잡고, 생각의 정리를 방해하는 고정관념들을 제거함으로써 창의적인 사고력을 키워 보고자 한다.

"글쓰기는 근육과 같다. 사용하지 않으면 약해진다."

– 스티븐 킹 (Stephen King)

1
창의적인 사고

1) 창의적인 사고

"For some, it's Mt. Everest."[1] 이 그림은 '광고 천재'라고 불리는 이제석이 디자인한, 장애인시설 확충을 위한 2007년 미국의 공익광고다. 광고는 짧은 시간 혹은 순식간에 보는 사람의 시선을 사로잡아, 정보를 효과적으로 전달하는 것이 목적이다. 그러려면 무엇보다 기존의 다른 광고와 차별성을 보여주어야 한다. 광고에서 창의성이 가장 많이 요구되는 이유다.

이 광고 역시 우리가 매일 아무렇지도 않게 이용하는 계단이 누군가에게는 에베레스트산을 오르는 것처럼 불가능한, 고된 수고를 해야 한다는 메시지를 순식간에 전달해 준다. 뿐만 아니라 그들을 위한 시설을 확충해야겠다는 필요성을 깨닫게 된다. 한 편의 이미지가 문제 상황은 물론 해법까지 동시에 보여주는 것이다.

1 사진 출처 : 이제석 광고연구소 http://www.jeski.org/index_n.php?category=main2

창의적인 아이디어는 광고뿐 아니라 글쓰기에서도 중요한 화두다. 다양한 플랫폼을 기반으로 많은 글이 쏟아져 나오는 지금, 나만의 독창성이 담긴 새로운 글쓰기는 무엇보다 중요하다. 자신의 생각과 감정을 효과적으로 표현해야 독자의 공감을 얻을 수 있다.

창의성(創意性, creativity)은 "새롭고, 독창적이고, 유용한 것을 만들어내는 능력"이다. 새로운 것은 옛것을 바탕으로 창조된다. 이미 갖고 있는 지식을 기반으로 대상을 꼼꼼하게 관찰하고 새롭게 바라볼 때 비로소 창의적인 생각을 할 수 있다. 새롭고 독창적인 것을 만들어내기 위해서는 우선 대상에 대한 관심과 관찰이 필요하다. 지금까지 지녀왔던 관습적인 생각에서 벗어나, 반대로 혹은 뒤집어서 생각해 보는 것도 좋다. 핵심을 제거하거나 두 개 이상의 것을 결합하거나, 전혀 다른 이질적인 요소를 추가해 보는 것도 좋은 방법이다. 지금까지와는 다른 방식으로 생각해 보는 것, 그것이 창의적 사고의 출발점이다.

창의적 사고는 새로운 시각과 사고의 유입을 차단하는 고정관념을 탈피해야만 얻을 수 있다. 사람들은 저마다 고정관념을 갖고 있다. 고정관념이란 오랜 시간 동안 굳어져 쉽게 바꿀 수 없는 단단한 믿음 체계로, 교육과 경험, 사회화 과정 속에서 서서히 축적된 생각들이다. 주로 사회 문화적인 습관과 대중미디어에 의해 만들어진 이 관념은 널리 퍼져 있어 사람들 간의 소통을 방해하는 요소로 작용한다. 따라서 내가 어떤 고정관념들을 갖고 있는지 파악하는 것이 창의적 사고를 위해 무엇보다 중요하다.

학습활동 1

다음은 삼성전자가 미국의 광고기획사 레오 버넷(Leo Burnett)과 협력하여 만든 '세이프티 트럭(Safety Truck)' 광고다. QR을 눌러 광고를 시청한 후 어떤 생각이나 느낌이 들었는지 써 보자.

학습활동 2

자신이 경험한 고정관념에 대해 이야기하고, 고정관념을 벗어날 수 있는 방법을 생각해 보자.

대상	고정관념	이유	다르게 생각하기
공대생	1. 기계를 잘 다룬다. 2. 체크무늬 셔츠를 입고 다닌다. 3. 감정보다는 이성적일 것이다.	드라마나 영화에 출연하는 공대생의 이미지 때문인 것 같다.	

2) 고정관념 극복 방법

① 내 생각이 정말 '나'의 것인지 확인해 보자

어떤 대상이나 사건에 대해 갖고 있는 자신의 생각은 대체 어디에서 온 것인가. 원래부터 내가 갖고 있던 건가, 지금까지 살아오면서 내가 속한 가정, 집단, 사회 속에서 만들어져 온 것인가. 내 안에 들어 있는 것이라 하더라도 정말 스스로 생각해서 '나'의 것이 되었는가 등을 확인해 봐야 한다.

② 입장을 바꿔 생각해 보자

사람들은 누구나 자신이 경험하고 학습한 것만이 옳다고 믿는 경향이 있다. 하지만 상대의 관점에서 바라볼 필요가 있다. 역지사지(易地思之) 혹은 "Put yourself in my shoes." 등도 같은 의미로 쓰이는 말이다.

③ 대상을 비판적으로 바라보자

비판은 옳고 그름을 따져보는 행위이다. 안팎을 세밀히 관찰하고 자료들을 수집해서 무엇이 옳고 그른지 확인하는 태도가 필요하다. 비판은 비난이 아니다. 비판은 합리적이고 객관적인 사고를 위해 진위를 검증하는 것이다.

④ 직접 경험해 보자

살다 보면 직접 경험해 보지 않고서는 이해할 수 없는 것들이 있다. 단편적인 지식이나 타인으로부터 전해 들은 말로 대상이나 사람을 섣불리 판단하는 것은 상당히 위험하다. 다양한 사람들과 만나고, 새로운 지식을 습득한 뒤 종합적으로 판단하는 태도가 필요하다.

⑤ 관련 지식과 정보를 수집해 보자

다양한 책을 읽고 명사들의 강연을 듣는 것도 중요하다. 테드(www.ted.com)를 비롯, K무크(www.kmooc.kr), 세상을 바꾸는 시간 15분(www.sebasi.co.kr) 등 대중 무료

공개 강좌를 이용해 보자. 자신이 알지 못했던 새로운 사실과 정보를 접하면 사고의 틀 또한 바꿀 수 있다.

3) 아이디어 창출 방법

① 브레인스토밍(brainstorming)

브레인스토밍은 한 가지 문제를 놓고 여러 사람이 다양한 아이디어를 제시해 문제를 해결하는 방법이다. 1939년 미국 광고회사에 다니던 알렉스 오스본과 그의 동료들이 창안한 아이디어 산출 기법으로, 아이디어들이 확산되며 눈덩이 뭉쳐지듯 연쇄적으로 이어지기 때문에 '눈 굴리기(snow bowling)' 기법이라고도 한다. 보통 5~6명의 인원이 글감을 바탕으로 자유롭게 의견을 교환하여 아이디어를 모은다. 사회자와 기록자를 두고 10분 안팎으로 시간을 제한한 후 단어나 문장, 이미지 등 생각나는 모든 아이디어를 쓴다.

〈브레인스토밍할 때 주의할 점〉

1. 비판 금지 - 아이디어에 대한 비판이나 평가를 금지한다.
2. 자유분방 - 자유로운 분위기를 조성한다.
3. 수량 추구 - 많은 양의 아이디어를 내놓는 것이 중요하다.
4. 결합 개선 - 남의 아이디어에 자신의 생각을 덧붙이거나 두세 개의 아이디어를 결합할 수 있다.

브레인스토밍할 때 주의할 점은 이치에 맞지 않는 엉뚱한 아이디어라도 마구 쏟아내야 하고, 다른 사람들은 이를 비판하거나 평가해서는 안 된다는 것이다. 가능한 한 많은 양의 아이디어를 모아 그 속에서 문제의 해결책을 찾기 위해서이다.

다음은 '대학 입시'에 관해 브레인스토밍을 하고 쓴 짧은 글이다.

키워드	대학 입시
연상되는 단어 쓰기	재수, 삼수, 현역, 열등감, 지긋지긋, 끔찍, 겨울, 후회, 고독, 바보, 게으름, 시간표, 면접, 논술, 자소서, 성적, 수능, 게임, 당구, 스터디 카페, 대학생, 캠퍼스, 여자친구, 남자친구, EBS 특강, 부모님, 감사, 여행, 엠티, 축제, 어른, 술, 담배, 108배, 기도, 응원, 연애하고 싶다, 독립할 것이다, 과잠, 아르바이트, 4당5락, 엿, 수시, 정시
연관어 묶기 1	'재수', '열등감', '후회', '고독', '스터디 카페', '대학생'
묶음 1의 단어를 사용하여 3개의 문장 만들기	나는 재수를 할 때 주로 집 근처 스터디 카페에 다녔다. 재수하는 내내 후회와 열등감에 시달렸다. 친구들도 별로 만나지 못해 외로웠지만, 그 결과 대학에 합격하였다.
한 문단 쓰기	재수 시절, 나는 끝없는 열등감에 하루하루 힘든 나날을 보냈다. 매일 밤늦게까지 스터디 카페에 있으면서 난 나의 게으름과 싸워야 했다. 후회는 하지 않는다. 다만 더 이상 바보 같은 짓을 반복하지 않기 위해, 내 젊음을 소진하지 않기 위해 난 정말 열심히 노력했다. 고독을 자처했다. 대학에 진학한 친구들이 엠티를 갈 때 난 학원에 갔고, 그들이 축제를 할 때 난 인강을 들었다. 결국 난 그 끔찍한 겨울을 통과하여 이 봄, 대학생이 되었다. 재수의 경험은 앞으로 내가 힘든 일을 겪을 때마다 내게 힘을 주는 특별한 에너지가 될 것이다.

학습활동 3

'대학 축제'라는 키워드를 가지고 브레인스토밍을 해보자.

1) 조별 활동 - 시간 정하기. '대학 축제' 하면 떠오르는 단어 혹은 이미지들을 찾기

2) 개별 활동 - 찾은 단어나 이미지 중 연관되는 것끼리 따로 묶고, 이것들을 사용하여 문장 3개씩 만들기

키워드	대학 축제
연상되는 단어 쓰기	
연관어 묶기 1	
묶음 1의 단어를 사용하여 3개의 문장 만들기	
연관어 묶기 2	
묶음 2의 단어를 사용하여 3개의 문장 만들기	

② 만다라트(Mandal-Art)

만다라트는 이마이즈미 히로아키가 고안한 브레인스토밍 기법으로, '목표를 달성하기 위한 전방위적인 계획표'를 말한다. 공동의 목표를 위해 조직된 팀 안에서 협동적으로 아이디어를 도출하는 데 매우 유용한 회의기법으로 잘 알려져 있다. 만다라트는 자유로운 사고확장을 통해 아이디어를 도출한다는 점에서 기존의 마인드맵 기법과 큰 차이는 없다. 그러나 만다라트는 9개의 칸을 채워야 한다는 인위적인 미션을 제공하기 때문에 결과적으로 학습 효과를 극대화할 수 있다.

만다라트는 핵심 목표를 설정한 후 이어 세부 목표를 채워 넣는 것이다. 우선 가로세로 9줄씩 그어 총 81칸의 격자를 만든다. 중앙에 핵심어를 넣고 핵심어와 관련된 연상되는 아이디어 8개를 주변에 채워 넣는다. 1차로 수집된 8개의 키워드(아이디어)를 다시 주변 3×3, 8개 묶음의 핵심어로 보낸 후 다시 그것과 연관 혹은 연상되는 2차 아이디어를 채운다.

이 과정은 10~15분 정도의 시간제한을 두고 빠르게 진행해야 한다. 키워드(아이디어)를 채워 넣을 때 중복이 없도록 주의한다. 총 72개의 키워드를 다 채워 넣으면 이것을 이용해 글쓰기를 시작한다. 3×3, 9칸 한 묶음 안에 있는 아이디어 3~4개를 반드시 넣어 1개의 문장을 만들고, 한 묶음당 3~4개의 문장을 만든다. 그러면 총 27~36개의 문장이 만들어진다. 이를 토대로 무엇을 쓸 것인지 글의 방향이나 내용을 고민해 본다.

예시 다음은 10년 연봉 7억 달러의 미국 프로야구 선수 오타니 쇼헤이가 고등학교 시절에 작성했다고 하여 화제가 된 만다라트다.

몸관리	영양제 먹기	FSQ 90kg	인스텝 개선	몸통 강화	축 흔들지 않기	각도를 만든다	위에서부터 공을 던진다	손목 강화
유연성	몸 만들기	RSQ 130kg	릴리즈 포인트 안정	제구	불안정 없애기	힘 모으기	구위	하반신 주도
스테미너	가동역	식사 저녁7숟갈 아침3숟갈	하체 강화	몸을 열지 않기	멘탈을 컨트롤	볼을 앞에서 릴리즈	회전수 증가	가동력
뚜렷한 목표·목적	일희일비 하지 않기	머리는 차갑게 심장은 뜨겁게	몸 만들기	제구	구위	축을 돌리기	하체 강화	체중 증가
핀치에 강하게	멘탈	분위기에 휩쓸리지 않기	멘탈	8구단 드래프트 1순위	스피드 160km/h	몸통 강화	스피드 160km/h	어깨주변 강화
마음의 파도를 안만들기	승리에 대한 집념	동료를 배려하는 마음	인간성	운	변화구	가동력	라이너 캐치볼	피칭 늘리기
감성	사랑받는 사람	계획성	인사하기	쓰레기 줍기	부실 청소	카운트볼 늘리기	포크볼 완성	슬라이더 구위
배려	인간성	감사	물건을 소중히 쓰자	운	심판을 대하는 태도	늦게 낙차가 있는 커브	변화구	좌타자 결정구
예의	신뢰받는 사람	지속력	긍정적 사고	응원받는 사람	책읽기	직구와 같은 폼으로 던지기	스트라이크 볼을 던질 때 제구	거리를 상상하기

학습활동 4

'대학생'이라는 키워드로 만다라트를 해보자.

① 81칸 채우기

② 묶음별로 3개의 문장 만들기

③ 이 중 한 묶음을 골라 한 문단(5~8개의 문장)으로 짧은 글 쓰기

① 81칸 채우기

				대학생				

② 묶음별로 3개의 문장 만들기

묶음별로 3개의 문장 만들기	
대학생	

③ 이 중 한 묶음을 골라 한 문단(5~8개의 문장)으로 짧은 글 쓰기

학습활동 5

tvN의 '유퀴즈온더블럭' 204회 〈문해력을 키워드립니다〉(조병영 교수) 영상을 보고 다음 물음에 답해 보자.

1. 문해력이란 무엇이고, 문해력을 키워야 하는 이유

2. '사실'을 구별하는 방법

3. '비판'과 '비난'의 차이

4. 글을 읽을 때 좋은 방법

학습활동 6

주관적 정의란 자기만의 견해나 관점을 기초로 한 정의를 가리킨다. 다음 예시처럼 각 단어의 주관적 정의를 내리고, 그 이유를 설명해 보자.

단어	구분	내용
돈	객관적 정의	사물의 가치를 나타내며, 상품의 교환을 매개하고, 재산 축적의 대상으로도 사용하는 물건. 예전에는 조가비, 짐승의 가죽, 보석, 옷감, 농산물 따위를 이용하였으나 요즈음은 금, 은, 동 따위의 금속이나 종이를 이용히여 만들며 그 크기나 모양, 액수 따위는 일정한 법률에 의하여 정한다.
	주관적 정의	돈은 '여자친구'다. / 돈은 '전 여자친구'다.
	이유	지금 내게 없기 때문이다. / 잡으려 해도 잡을 수 없다.
휴대폰	주관적 정의	
	이유	
사랑	주관적 정의	
	이유	
대학생	주관적 정의	
	이유	
여행	주관적 정의	
	이유	

“

2 자기 탐색과 성찰

창의적으로 사고하기 위해서는 우선 자신에 대해 알아야 한다. 학기 초 강의실에서 자신을 소개해 보라고 하면, 학생들은 대부분 자신의 출생연도나 출신학교, 가족에 대한 이야기를 주로 한다. 간혹 자신의 성격을 거론할 때도 한결같이 '내성적이다', '소극적이다', '낯을 가린다' 등의 말을 한다. 분명 얼굴도 다르고 살아온 환경도, 생각도 다른 학생들이 모여 있건만 그들이 소개하는 '자신'은 특별한 '나'가 아니다. 모두 비슷비슷하여 독창성을 찾을 수 없다.

창의적인 사고를 하기 위해서는 '나'는 대체 누구이고, 어떻게 살아왔으며, 무슨 생각을 하고 있는지 꼼꼼히 알아봐야 한다. 다른 사람들과 나를 구분 짓는 요인은 무엇인지, 내가 좋아하거나 싫어하는 것은 무엇인지도 살펴보자. 내가 어떤 꿈을 꾸고 있으며, 무엇을 향해 나아갈 것인지 점검해 보는 것은 비단 글쓰기 수업을 위해서만이 아니라, 창의적인 대학 생활을 설계하기 위해서 대학 신입생이라면 누구나 한 번쯤 꼭 해야 할 통과의례라 할 수 있다.

학습활동 1

※ 다음 〈학습활동 1-8〉은 자기 서사를 쓰기 위한 일련의 과정을 제시한 것이다. 우선 '나'에 대해 여러 측면에서 자료를 조사하고, 이를 토대로 형식과 주제를 정한 뒤 글 한 편을 완성해 보자.

다음은 비스와바 쉼보르스카가 쓴 시 「선택의 가능성」의 일부이다. 이 시를 다 찾아 읽고, 일부 혹은 전체를 패러디해서 시를 써 보자.

선택의 가능성

영화를 더 좋아한다.
고양이를 더 좋아한다.
바르타 강가의 떡갈나무를 더 좋아한다.
도스토예프스키보다 디킨스를 더 좋아한다.
인간을 좋아하는 자신보다
인간다움 그 자체를 사랑하는 나 자신을 더 좋아한다.
실이 꿰어진 바늘을 갖는 것을 더 좋아한다.
초록색을 더 좋아한다.
모든 잘못은 이성이나 논리에 있다고
단언하지 않는 편을 더 좋아한다.
예외적인 것들을 더 좋아한다.
집을 일찍 나서는 것을 더 좋아한다.
(하략)

– 『끝과 시작』 (문학과지성사, 2016)

학습활동 2

자신의 삶을 돌아보고 '나의 연대기' 그래프를 그려 보자. 이를 바탕으로 주요 사건이나 경험이 있었던 시기를 회상한 후 이 사건의 의미에 대해 서술해 보자.

나의 연대기

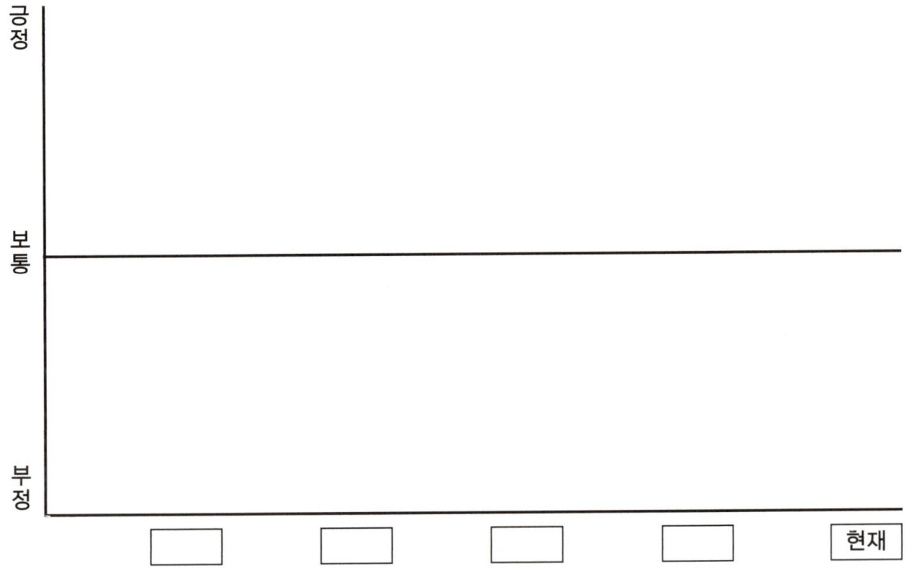

시기(나이)	경험(주요 사건)	의미
현재		

학습활동 3

다음 질문에 대해 솔직하게 답을 해보자.

1) 지금까지 가장 기억에 남는 별명은 무엇인가?

2) 내 인생에서 가장 기념비적인 날짜는 언제인지, 그 이유와 함께 써 보자.

3) 내 삶의 생활 수칙 혹은 철칙이 있다면 써 보자.

4) 과거의 나에게 편지를 쓴다면 몇 살의 나에게, 무슨 말을 써 보내겠는가?

5) 나를 가장 힘들게, 화나게 한 말이나 글이 있다면 써 보자.

6) 지금까지 경험 중 내가 가장 자랑스러웠던 적은 언제인가?

7) 현재 나의 가장 오랜 친구는 누구이고, 언제 만났는가?

8) 내가 가진 능력 가운데 가장 가치있는 것은 무엇인가?

9) 나는 가족으로부터 언제 독립할 것인가?

10) 오늘까지 나의 인생에 점수를 매긴다면 100점 만점에 몇 점인가? 그 이유도 써 보자.

– 송숙희, 『오늘부터 내 책 쓰기 어때요?』(알에이치코리아, 2020) 참고

학습활동 4

'나'에 대해 가족이나 친구 등 지인에게 전화, 문자, SNS 등을 통해 질문해 보자. 이때 "나는 누구냐", "나는 어떤 사람이냐" 등의 질문을 피하고, 의미 있는 답변을 얻기 위해 진지하고 구체적으로 질문해 보자.

질문 대상		질문 내용과 답변
	질문	
	답변	
	질문	
	답변	
	질문	
	답변	
	질문	
	답변	
	질문	
	답변	
	질문	
	답변	
	질문	
	답변	
	질문	
	답변	
	질문	
	답변	

학습활동 5

나는 어떤 사람인지 쓰고, 중요한 정도에 따라 순위를 매겨 보자.

예) 나는 한국의 스티브 잡스가 되고 싶은 사람이다. / 나는 남의 부탁을 거절하지 못하는 사람이다.

번호	정의(서술어 사용한 수식)			순위
1	나는		사람이다.	
2	나는		사람이다.	
3	나는		사람이다.	
4	나는		사람이다.	
5	나는		사람이다.	
6	나는		사람이다.	
7	나는		사람이다.	
8	나는		사람이다.	
9	나는		사람이다.	
10	나는		사람이다.	

학습활동 6

자신의 장단점을 문장으로 적어 보자.

	장점
1	
2	
3	
4	
5	
6	
7	
8	
9	
10	
11	
12	
13	
14	
15	

장점	
16	
17	
18	
19	
20	
21	
22	
23	
24	
25	

단점	
1	
2	
3	
4	
5	

학습활동 7

자신의 단점을 장점으로 변환(열등감 없애기)하고, 장점을 단점으로 변환(우월감 없애기)해 보자.

	나의 장점	단점으로 변환
1		
2		
3		
4		
5		

	나의 단점	장점으로 변환
1		
2		
3		
4		
5		

학습활동 8

'학습활동 1~7'에서 수집한 자료를 토대로 하여 '나'에 대한 A4 1쪽짜리 에세이를 쓰려고 한다. 주제문과 개요를 작성해 보자.

1) 주제문(글의 핵심 내용을 문장으로 쓴 것)

2) 문장개요(글의 설계도, 틀)

학습활동 9

앞에 쓴 개요를 토대로 '나'에 대한 글을 한 편 써 보자. (4~5문단으로 구성하고 반드시 제목을 달 것. 정서법에 맞게 작성할 것.)

학습활동 10

다음은 한 사람이 출간한 두 책의 저자 소개 글이다. 두 글을 읽어보고 느낌을 적어보자.

1962년생으로 고려대학교 심리학과를 졸업했다. 독일 베를린 자유대학에서 석·박사 학위를 취득한 후, 독일 베를린 자유대학교의 전임강사로 초빙되어 강의와 더불어 발달심리학, 문화심리학과 관련된 여러 연구 프로젝트에 참여했다. 이때 문화심리학의 세계적 석학들과 함께 『문화심리학Kultur in der Psychologie』이라는 책을 집필하기도 했다. 현재 명지대학교 여가문화연구센터소장으로 여가산업과 관련된 다양한 프로젝트를 수행하면서, 〈동아일보〉, 〈중앙일보〉 등에 고정 칼럼 기고를 비롯해 각종 언론 매체와 방송에서 휴테크의 중요성을 역설하고 있다.

– 김정운, 『휴테크 성공학』 (명진출판사, 2003)

1962년 서울 태생으로 고려대학교 심리학과를 졸업하고, 독일 베를린 자유대학교에서 박사학위를 받았다. 베를린 자유대학교 심리학과 전임강사를 거쳐 현재는 명지대학교 교수로 재직 중이다. 아니, 이런 거창한 프로필 따위는 다 잊어도 좋다. '김정운'은 팔뚝 굵은 아내가 차려준 아침 밥상에 감사하며, 아침마다 그날 가지고 나갈 만년필 고르기에서 삶의 즐거움을 찾고, 거리의 망사스타킹을 보면 가슴이 뛰어 낚시 가게 그물만 봐도 흥분하고, 자동차 운전석에서 슈베르트의 가곡을 목놓아 따라 부르며 주책없이 울기를 좋아하는 사십 끝줄의 대한민국 남자다. 귀가 얇다 못해 바람만 불어도 귓바퀴가 귓구멍을 덮을 정도고, 한번 폭발하면 대로변에서 삿대질도 일삼는 욱하는 성격이지만, 한번 마음에 담아두면 며칠 밤잠 못 자며 고민하는 소심남이기도 하다.

– 김정운, 『나는 아내와의 결혼을 후회한다』 (21세기북스, 2009)

Ⅱ

디지털 시대의 글쓰기와 윤리

디지털 시대는 정보의 생산과 소비를 획기적으로 변화시키고 있다. 글을 쓰고 공유하는 것이 쉽고 편리한 디지털 환경은 개인의 표현의 자유를 확대했지만 글쓰기에 대한 무거운 책임감을 요구한다. 순식간에 전 세계로 확산될 수 있는 글은 단순히 개인적 표현을 넘어 사회적 파장과 윤리적 문제를 일으키기도 한다. 따라서 디지털 플랫폼에서의 글쓰기는 정보의 정확성, 표현의 공정성, 그리고 독자와 사회에 미칠 영향을 고려하여 주의 깊게 행해져야 한다.

이 장에서는 디지털 시대의 글쓰기에 있어 윤리가 왜 중요한지, 그리고 이를 위해 무엇을 해야 할지 생각해 보고자 한다. 디지털 환경에서 개인의 글이 사실에 기반하여 쓰여지고 혐오나 차별 없이 모두를 위한 공감의 매개체가 되기 위해서는 허위 정보 확산 방지, 개인 정보 보호, 글쓰기의 윤리에 대해 알아야 한다.

또한, AI를 활용해 글쓰기를 할 때에는 정확한 정보를 바탕으로 사회적 영향을 고려하여 윤리적 기준에 따라 글을 써야 한다. 디지털 시대의 글쓰기에서는 글쓰기의 방법을 배우는 것 뿐만 아니라 글쓰기의 윤리를 배우고 실천하는 것이 더욱 중요해지고 있다.

"글쓰기는 명확성을 요구한다. 불분명한 글은 아무런 효과를 발휘하지 못한다."

– 헨리 제임스 (Henry James)

”

1
미디어 리터러시

과학기술의 발전은 지식정보 습득과 의사소통 방식에 지대한 영향을 미치고 있다. 정보화 시대를 넘어 정보 과잉 시대를 살아가는 우리에게 디지털 미디어는 소통의 중요한 도구이다. 정보 통신 기술의 발달로 우리는 인터넷을 통해 수많은 정보를 얻고 타인과 관계 맺으며 살아가고 있다. 이러한 시대를 지혜롭게 살아가기 위해서는 상황에 맞는 다양한 소통방식을 배우고 표현하는 능력을 갖추는 것이 필요하다. 특히 현대 디지털 환경 속에서 글을 쓰고 타인과 효율적으로 소통하기 위해서는 미디어의 특성을 이해하고 이에 따른 글쓰기 방식을 습득해야 한다. 디지털 시대의 글쓰기는 정보화 시대의 소통방식을 이해하고 올바르게 활용할 수 있는 능력을 요구한다.

현재 우리는 디지털 기술과 인터넷을 통해 정보와 지식을 실시간으로 자유롭게 공유하는 시대에 살고 있다. 그러나 정보의 과도한 수용, 입력 정보 및 데이터의 팽창, 과잉 노출 등은 정보 과부하 현상을 일으키고 있다. 이러한 정보 과잉은 문제이해력과 의사결정능력을 저하시키고 있다. 그러므로 디지털 시대에는 미디어 리터러시에 대한 이해가 필요하다. 미디어 리터러시는 다양한 형식의 미디어를 통해 전달되는 내용을 올바르게 분석하고 평가하여 창조적으로 수용할 수 있는 능력을 말한다. 즉 디지털 시대의 글쓰기는 단순히 글을 읽고 쓰는 행위만이 아니라 미디어를 통해 진달되는 다양한 정보의 의미를 분석하여 논리적이고 비판적으로 해석하는 수용 능력을 요구한다.

1) 부분적 진실과 편향적 사고 점검

디지털 시대는 지식과 정보가 넘쳐난다. 21세기 정보화 시대를 살아가고 있는 사람들은 확실히 많은 지식과 정보를 접하고 있다. 정작 중요한 것은 지식과 정보를 활용해서 합리적 판단을 하고, 당면한 문제를 지혜롭게 해결할 수 있는 능력이 있냐는 것이다. 철학자 마이클 린치는 『인간 인터넷』에서 인터넷 시대가 오히려 '부족화(tribalization) 현상'을 초래하여 민주주의에 저해될 수 있다고 경고한다. 인터넷상에서 필터링된 맞춤형 정보를 제공받는 이용자들은 관심 있는 정보를 주로 접하게 되어 다양한 의견에 접근하지 못하는 문제가 발생한다. 즉 많은 정보를 접할 기회가 있지만 결국 믿고 싶은 정보만 수용하여 확증 편향의 오류에 빠질 가능성이 더 높아졌다는 것이다. 이처럼 디지털 시대에 글쓰기를 할 때에도 다양한 관점에서 문제를 분석하고 논리적으로 사고하려는 자세가 필요하다. 자신의 생각과 주장이 이치에 맞는 것인지, 타인의 의견이 수용할 만한 것인지를 살펴본 후 주의 깊게 글로 표현하는 것이 중요하다.

1986년 영국의 『가디언』이 텔레비전과 영화에 내보낸 광고

흑백의 영상은 스킨헤드를 한 어느 남자가 다가오는 차를 피해 도망치는 모습을 보여준다. 배경음악은 전혀 없고 권위적인 목소리가 등장해 이렇게 말한다. "사건은 한 가지 관점에서 보면 한 가지 인상만 남습니다." 그때 같은 남자가 다른 앵글로 비춰진다. 그는 양복 차림의 다른 남자를 향해 달려들고 있는데 마치 그 남자를 공격하거나 서류 가방을 훔치려는 것처럼 보인다. "다른 관점에서 보면 전혀 다른 인상이 남습니다." 또 다른 장면에서 우리는 이 광경을 하늘에서 내려다보게 된다. 양복 입은 남자의 머리 위에는 건축물 자재가 위태롭게 제멋대로 흔들리고 있다. 스킨헤드 남자는 양복 입은 남자를 잡아당겨 그의 목숨을 구하고, 건축물 자재는 꽝 하고 바닥에 떨어진다. "하지만 무슨 일이 벌어지는지 제대로 알려면 전체 그림을 보아야 합니다." 목소리는 그렇게 끝을 맺는다.

BMP의 존 웹스터가 만든 이 '관점' 광고는 역대 최고의 텔레비전 광고로 여전히 인용된다. 수많은 영국 시청자는 이 광고 때문에 오직 『가디언』만이 세상을 있는 그대로 제시한다는 강렬한 인상을 받았다. 다른 매체들처럼 정치적 의도를 갖고 한쪽 편의 이야기만 전하지 않는다고 말이다.

이 광고는 다양한 관점에서 보면 사건의 진실이 달라질 수 있다는 의미를 전달하고 있다. 특별한 상황이나 사건을 이해하기 위해서는 이용 가능한 정보를 수집하고 선별하여 사실을 파악하는 것이 필요하다. 표본 수집 과정에서 이루어지는 정보 선별은 현상이나 사건에 대한 진실을 판단하는 데 중요한 영향을 미친다. 이는 배경지식, 관심사나 편향된 의식 등에 따라 생각의 기준이 정해지기 때문이다. 이처럼 인간은 자신에게 의미 있거나 자신의 관점에 맞는 사실만을 의도적으로 선별할 가능성이 있기에 특히 미디어 글쓰기를 할 때에는 사건과 대상을 올바르게 인식하려는 자세가 필요하다.

2) 거짓 정보와 인과 관계 조작에 대한 경계

디지털 미디어 환경의 발달로 인해, 우리는 자료 조사와 해석의 단계에서 인터넷 자료들을 적극적으로 활용한다. 인터넷 이용자들은 정보와 지식을 실시간으로 공유하고 이는 위키백과와 같은 집단지성의 장을 구축하기도 했다. 그러나 디지털 미디어에서 제공된 정보라고 해서 모두 사실은 아니다. 특정 사실을 축소하거나 확대하여 실제보다 더 의미 있는 일처럼 보이게 하는 잘못된 정보가 있을 수 있다. 또한 연관성이 없는 자료를 인과 관계가 있다고 가정하는 거짓 정보를 제공할 수도 있다.

그러므로 수많은 정보가 교환되는 디지털 미디어 환경에서는 제대로 된 정보를 인지하고 판단하는 과정이 중요하다. 즉 정보와 자료에 제시된 수치, 통계, 인용 및 인과 관계 등이 정확한 사실에 기초한 것인지를 판단할 수 있어야 한다. 디지털화된 정보를 올바르게 활용하기 위해서는 능동적이고 비판적인 독해 능력이 요구된다.

MBC 뉴스데스크 '알통 굵기 정치적 신념 좌우한다' 보도 논란

18일 MBC 뉴스데스크는 "알통의 굵기가 신념에 영향을 미친다"며 두 남성의 사례를 보여줬다. 저소득층을 위한 소득분배에 대한 견해를 묻자 팔의 알통 굵기가 35cm인 남성은 "국가의 과도한 세금은 지나치다"고 말했으며, 알통 굵기가 31cm인 남성은 "세금을 거둬 가난한 사람들에게 나눠주는 건 국가의 의무이고 책임"이라고 답했다. MBC는 이와 관련해 알통이 굵은 남자들 다수는 자신의 경제적 형편에 유리한 이념을 선택하고, 알통이 가는 남자들 다수는 자신의 이익을 대변하는 데 소극적이라는 이코노미스트의 보도를 소개했다. (하략)

– 이창현, 『한국뉴스투데이』, 2013.2.19

위의 예시글은 정치적 신념과 육체적인 힘의 영향 관계에 대해 보도하여 논란이 되었던 뉴스를 정리한 기사이다. MBC 뉴스에서는 신체적 조건이 다른 두 남성에게 부의 재분배에 관한 인터뷰를 한 후, 육체적인 힘의 여부에 따라 정치적 성향이 결정된다는 내용을 보도했다. 이 과정에서 뉴스는 설득력을 높이기 위해 이코노미스트 기사의 논문을 인용하며 정치적 신념이 육체적 힘과 관련이 있다는 점을 뒷받침하였다. 하지만 이 뉴스는 보도 이후 논란이 되었고 '방송통신심의위원회'로부터 '주의처분'을 받았다. 해당 뉴스는 논문을 제대로 인용한 것일까?

> 우리는 신체적인 강함의 여부와 관계없이 가난한 사람들은 분배를 지지하고 부자들은 반대할 것이라고 예측한다. 하지만 이는 근력에 관련이 있었다. 덴마크 아후스 대학의 마이클 페테르센(Michael Petersen)과 캘리포니아 대학의 다니엘 스니커(Daniel Sznyce)가 심리학 저널에 발표한 논문에 따르면, 개인의 정치적 의견은 신체적 특성과 관계되어 있었다.
>
> 두 연구자는 미국인 486명, 아르헨티나인 223명, 덴마크인 793명을 관찰하여 이러한 결론을 내렸다. 그들은 근력을 측정하기 위해 그들이 주로 쓰는 팔을 굽혀 알통에 힘을 주게 한 후 둘레를 측정했다. (기존의 연구들에 의하면 이것은 근력을 나타내는 정확한 지표가 될 수 있다고 한다.) 그리고 연구자들은 대상자의 경제적 상황을 설문지를 이용하여 측정했고, "부유층은 못 사는 이들에게 지금보다 더 많은 돈을 주어야 한다.", "복지를 위해 세금을 내야 한다는 것은 부당한 일이다." 등의 진술에 동의하는 정도를 측정하여 재분배에 대한 지지도를 측정했다. 각각의 참가자가 지지하는 정치적 이데올로기 역시 질문했다.
>
> 두 연구자는, 출신 국가나 정치적 성향과 관계없이, 근력이 강한 사람은 자신의 이익을 주장한다는 것을 밝혀냈다. 근력이 약한 사람들은 개인의 이익을 주장하려는 성향이 훨씬 약했다. 그러나 여성의 경우에는 이러한 의견의 강도와 근력 간의 관계가 나타나지 않았다. 부자 여성은 계속 부자이기를 원했고, 가난한 여성은 부자가 되기를 원했을 뿐이다.
>
> "Body and mind Political strength"(The Economist, 2012.10.20)

위의 예시글은 뉴스에서 인용한 논문을 다룬 이코노미스트의 기사 내용을 요약한 것이다. 기사는 육체적인 힘이 정치적 신념과 관계가 있다는 점을 다루고 있다. 기사에서 전달하고자 하는 바는 MBC 뉴스에서 보도했던 내용과 크게 다르지는 않다. 하지만 인용한 기사에서 다루고 있는 내용 중 축소, 과장된 부분이 있음을 발견할 수 있다. 이코노미스트 기사에서는 남성과 달리 여성의 경우 신체적 조건과 신념이 관계가 없다고 밝히고 있다. 해당 뉴스에서는 원 기사와 달리, 남성의 사례만 강조하여 의도하고자 하는 바를 뒷받침하고 있음을 알 수 있다. 인용한 연구 결과와 동일한 조건이 아님에도 불구하고 연관 관계의 적합함을 주장하고 있다. 또한 원래의 기사에서 사용한 논문의 조사 대상 표본 지수와 비교할 때 뉴스에서는 남성 두 사람의 인터뷰 사례만 적용하고 있다는 점도 문제이다. 이처럼 수많은 정보들이 제공되는 디지털 미디어 환경에서는 정보의 사실 여부에 대해 비판적 시각으로 검증하여 평가하는 태도를 가져야 한다.

미디어를 활용해 원활하게 소통하려면 미디어 내용을 올바르게 분석하고 평가하는 작업이 선행되어야 한다. 미디어 리터러시가 실행되는 네 단계의 과정 중 '접근·분석·평가'는 '읽기'에 해당되고, 창조는 '쓰기'에 해당한다고 할 수 있다. 미디어의 정보를 제대로 읽고 난 이후에 창조의 단계인 글쓰기로 나아갈 수 있으며 진정한 의사소통 능력을 갖추게 된다. 그러므로 미디어 글쓰기를 할 때, 미디어의 특징과 정보를 정확히 파악하고 그에 맞는 글쓰기를 해야 한다.

학습활동 1

다음은 사실 여부와 관련하여 논란이 되었던 기사이다. 예시글에서 전달하고 있는 내용의 문제점은 무엇인지 찾아보자. 해당 사건을 다룬 다른 기사를 찾아서 비교해 보고 진실 여부를 판단해 보자.

쿠팡 노조, 본사 점거하고 대낮부터 술판 벌였다

쿠팡 본사를 점거하고 노숙 농성을 벌이고 있는 민주노총에 대한 쿠팡 직원들의 여론이 들끓고 있다. 노조원들이 로비에 돗자리를 펼치고 술판까지 벌이고 있다는 사실이 알려지면서 도를 지나치는 노조의 행태에 대한 경찰의 엄정 대응이 필요하다는 목소리가 높아지고 있다. 30일 유통업계에 따르면 전국민주노동조합총연맹 공공운수노조 쿠팡물류센터 조합원들은 지난 23일부터 혹서기 근로 대책 마련을 촉구하며 서울 신천동 쿠팡 본사에서 점거 농성을 벌이고 있다.

1주일째 이어지는 점거 농성에 직원들은 극심한 고통을 호소하고 있다. 노조가 상식 밖의 행동을 이어가면서다. 노조는 로비에 돗자리를 펴고 마스크를 벗은 채 큰소리로 대화를 나누고, 대낮부터 술잔을 기울이기도 한 것으로 알려졌다. 노조가 로비에 소형 냉장고까지 설치해놓고 있다는 목격담도 전해진다.

직장인 익명 커뮤니티 블라인드에서도 노조에 대한 직원들의 성토가 이어지고 있다. 한 직원은 “노조원이 회사 로비에서 돗자리를 펴고 맥주를 시켜 먹고, 출입구 근처 금연 공간에서 담배를 태운다”며 “현장에서 힘들고 이해되는 부분도 있지만 회사 로비에 꼭 살림을 차려야 하는지 이해가 안 된다”고 적었다.

다른 직원들은 “출근할 때 음악을 너무 크게 틀어놔서 귀가 찢어지는 줄 알았다”, “무서워서 출근을 못하겠다”, “총만 안 들었지 테러범들과 다를 게 무엇이냐” 등의 댓글을 달았다.

노조원들이 쿠팡 현장 직원들의 목소리를 대변하고 있는지에 대한 의구심도 이어지고 있다. 수십 명에 불과한 강성 노조원이 4만여 명에 달하는 쿠팡 물류센터 현장직의 의견을 호도하고 있는 것 아니냐는 지적이다.

쿠팡 본사 건물관리 위탁업체인 CBRE코리아와 쿠팡의 물류 자회사인 쿠팡풀필먼트서비스(CFS) 유한회사는 점거 농성을 벌이고 있는 노조원 10여 명에 대해 업무방해, 공동건조물 침입, 공동퇴거불응 등의 혐의로 고소한 상황이다. 쿠팡 본사에 입점한 식당과 병원, 약국 등 업주들은 “수십 명의 노조원들이 1층 로비를 점검해 통행을 방해하고 심각한 소음 유발을 통해 영업에 심각한 침해를 받고 있다”며 서울 송파경

찰서에 불법점거 노조원의 조속한 철거를 요구하는 탄원서를 제출했다. 하지만 노조는 사측이 성실한 자세로 대화에 나설 때까지 점거 농성을 무기한 이어가겠다는 입장이다. 경찰은 다음달 초, 피고소인 중 한 명인 김한민 전국물류센터지부장을 조사할 예정이다.

– 박종관, 『한국경제』, 2022.6.30.

관련 기사	
기사 내용 비교	
문제점	

학습활동 2

나의 관심 영역 중에서 한 가지를 선택하여 관련 용어나 개념을 '나무위키', '위키백과'에서 찾아보고 평가해 보자. 잘못된 부분은 없는지, 축소되거나 확대된 사실은 없는지, 또는 생략된 내용은 없는지 확인해서 직접 수정해 보자.

검색 키워드	
문제점	
수정할 내용	
추가할 내용	

2
글쓰기 윤리

1) 글쓰기의 윤리

대학생들은 지식을 습득하고 학문을 탐구하는 과정에서 다양한 글쓰기를 경험하게 된다. 대학 생활 중 요구되는 실험 보고서나 학술 리포트, 소논문 등은 학술적 글쓰기의 대표적인 양식으로 객관적인 자료나 논리적 근거를 바탕으로 작성해야 한다. 이때 다른 사람이 쓴 글을 참고하게 되는데 자칫 방심하면 타인의 생각과 표현을 자신의 것처럼 사용하는 오류를 범하게 된다. 이러한 상황을 방지하기 위해 자신이 참고한 지식의 근거를 명확히 하고, 자신의 생각과 타인의 것을 구별하여 출처를 정확하게 밝히는 것이 필요하다.

이처럼 글쓰기의 윤리를 지키며 올바른 글쓰기를 하기 위해서는 앞으로 배우게 될 '인용과 주석'에 대한 내용을 숙지하고 정확하게 사용할 수 있어야 한다. 다른 사람의 저작물을 소중히 하고 출처를 밝혀 인용하는 것은, 곧 나 자신의 독창적 아이디어나 연구물 역시 보호받을 수 있는 풍토를 마련하는 일이기도 하다. 학문 연구에 있어서 연구자들의 지적인 노력이 존중되고 연구를 지속적으로 확산시키기 위해서는 대학에서의 학문 활동이 윤리적 글쓰기를 바탕으로 이루어져야 한다. 글쓰기의 윤리를 지키기 위해 문제가 되는 행위에 대해 알아야 한다.

2) 표절

표절은 학문 연구에서 가장 빈번하게 일어나는 일로 민감하게 다루어지기 때문에 대학생들이 특히 주의해야 한다. 먼저 글쓰기에서 문제가 되는 표절(plagiarism)의 개념에 대해 알아보자. 표절은 타인이 쓴 글이나 표현 등을 출처 표시 없이 가져다 쓰는 것을 의미하지만, 다른 사람의 아이디어나 생각, 개념 등을 자신의 것처럼 사용하는 것도 표절에 해당된다. 다른 사람의 저작물을 통해 아이디어를 얻었을 경우에도 출처를 밝혀주는 것이 원칙이다.

자신의 글을 재사용할 경우에도 어디에 실렸던 글인지 출처를 표기해야 하는데, 그렇지 않을 경우 '자기표절'이나 '자기복제'에 해당될 수 있다. 표절에 대한 기준이 엄격하고 글쓰기의 윤리를 지키는 것이 점점 더 중요해지고 있기 때문에 자신이 쓴 글에 표절 부분은 없는지 점검한 후 글을 제출하거나 발표하는 자세가 필요하다. 이를 위해서는 공공기관(한국연구재단 등)이나 각 대학교, 기타 기관의 표절 검사 시스템을 통해 자신의 글을 점검해 보는 것이 바람직하다.

〈논문표절 가이드라인〉

1. 여섯 단어 이상의 연쇄 표현이 일치하는 경우
2. 생각의 단위가 되는 명제 또는 데이터가 동일하거나 본질적으로 유사한 경우
3. 타인의 창작물을 자신의 것처럼 이용하는 경우
4. 남의 표현이나 아이디어를 출처를 표시하지 않고 사용하거나 창작성이 인정되지 않는 짜깁기
5. 연구 결과 조작 및 저작권 침해 가능성이 높은 저작물 등의 경우에는 '중한 표절'로 분류해 파면, 감봉 등 중징계를 할 수 있음
6. 자신의 저작물이더라도 과거와 구분하지 않은 중복 게재, 주요 내용의 자기표절, 공유 영역에 속한 저작물을 부당하게 사용하는 행위도 '경미한 표절'로 규정
7. 자신의 저작을 번역한 것을 다른 국가의 학술지에 다시 싣거나 박사학위 관련 논문을 2편 이내의 학술지에 게재한 경우, 짜깁기에 해당하지만 창작성이 인정

되는 경우 등은 표절에 해당되지 않음

8. 논문표절 등 연구 부정행위 문제가 발생한 경우, 표절 등에 대한 최종적인 판단 권한은 해당 학회지를 발행한 학회 또는 대학에 있음

- 교육인적자원부, 2008

한국연구재단에서 제시한 연구 윤리 확립을 위한 길잡이를 바탕으로 학문 연구에서 일어나기 쉬운 문제들을 인지하고 올바른 연구 자세를 갖도록 하자.

〈대학의 연구 윤리 확립을 위한 길잡이〉

제2장 연구부정행위

제4조 (연구부정행위의 범위) 연구부정행위라 함은 다음의 각 호가 정의하는 바와 같이 연구의 제안, 연구의 수행, 연구 결과의 보고 및 발표 등에서 행하여진 위조·변조·표절·부당한 저자 표시·부당한 중복 게재 등을 말하며, 타인에게 위의 행위를 제안·강요하거나 이를 하도록 협박하는 행위도 연구부정행위에 해당한다. 다만, 경미한 과실에 의한 것이거나 데이터 및 연구 결과에 대한 해석 또는 판단에 대한 차이가 있는 경우는 제외한다.

1. (위조) '위조'는 존재하지 않는 연구 원자료 또는 연구자료, 연구결과 등을 허위로 만들거나 기록 또는 보고하는 행위를 말한다.
2. (변조) '변조'는 연구 재료·장비·과정 등을 인위적으로 조작하거나 연구 원자료 또는 연구자료를 임의로 변형·삭제함으로써 연구 내용 또는 결과를 왜곡하는 행위를 말한다.

3. (표절) '표절'은 다음 각 목과 같이 일반적 지식이 아닌 타인의 독창적인 아이디어 또는 창작물을 적절한 출처 표시 없이 활용함으로써, 제3자에게 자신의 창작물인 것처럼 인식하게 하는 행위를 말한다. 다만 표절 여부에 대한 판정은 학회 등 해당 학계의 전문가들의 의견을 근거로 하여 결정하는 것을 원칙으로 한다.

가. 타인의 연구내용 전부 또는 일부를 출처를 표시하지 않고 그대로 활용하는 경우

나. 타인의 저작물의 단어 문장구조를 일부 변형하여 사용하면서 출처표시를 하지 않는 경우
다. 타인의 독창적인 생각 등을 활용하면서 출처를 표시하지 않은 경우
라. 타인의 저작물을 번역하여 활용하면서 출처를 표시하지 않은 경우
마. 원 저작물의 출처를 밝혔더라도 인용된 저작물이 새로운 저작물의 주(主)가 되는 경우
(하략)

– 한국연구재단, 2020

〈표절 방지를 위해 주의할 점〉

1. 작성한 논문이나 과제를 파일 형식으로 표절 검사 프로그램을 이용하여 표절 여부를 확인해 본다.
2. 유사도 분석 결과를 확인하고 유사도가 15~20% 이상 나오지 않도록 점검한다.
3. 출처 표시가 누락되거나 인용이 정확하지 않은 부분이나 유사한 문장 등을 수정한다.
4. 반복하여 유사도 검사를 진행하고 결과를 문서로 저장한다.

3) 저자권과 저작권

(1) 저자권(著者權, authorship)

저자권은 논문의 발표자나 학술 논문 등의 저자로 참여할 수 있는 권리를 의미하며, 연구 윤리와 관련해서 문제가 된다. 연구 내용과 결과에 대해 실질적으로 중요하게 공헌했거나 기여한 사람에게 정당한 이유 없이 저자 자격을 부여하지 않거나, 반대로 실질적 공헌이나 기여가 없는 사람에게 저자 자격을 부여하는 것은 부당한 저자 표기에 해당하며 연구 윤리를 저해하는 부정행위가 된다. 저자권과 관련하여

논란이 되는 윤리적인 문제는 누가 저자에 참여할 수 있는가, 복수 저자의 경우 순서는 어떻게 정할 것이며, 누가 이것을 결정하는가와 관련된다. 이는 '연구윤리규정'에서도 중요시하는 사항이므로, 아래 내용을 참고해 보자.

<table>
<tr><th colspan="2">구분</th><th>내용</th></tr>
<tr><td rowspan="3">저자</td><td>주저자
(First Author)</td><td>- 연구를 주도적으로 수행한 저자. 연구 설계, 데이터 수집 및 분석에 가장 많이 기여함
- 논문의 초안 작성 및 수정 과정에서 주도적인 역할을 함
- 논문에서 가장 먼저 이름이 표기되며, 이는 연구 기여도가 가장 높다는 것을 의미
- 연구를 직접적으로 실행하고 결과를 도출한 책임을 지게 됨</td></tr>
<tr><td>교신저자
(Corresponding Author)</td><td>- 연구에 대한 전반적인 책임을 지고, 외부와 소통 담당
- 연구 과정과 논문의 질을 감독하며, 연구팀을 이끌어 연구 방향 제시
- 논문 제출 후 학술지 편집자 및 심사위원과의 모든 소통 담당
- 논문 출판 후 독자의 질문에 답하는 연락 창구가 됨
- 주로 연구 프로젝트를 제안하고, 자금 지원 및 연구 환경을 제공한 연구책임자가 맡음
- 논문 마지막에 이름이 표기되며, 논문에서 지정된 이메일 주소로 연락 가능
- 공동 저자의 포함 여부 및 저자 순서를 결정
- 논문 심사 후 수정이 필요할 경우 공동 저자에게 그 사실을 알려서 승인을 받아야 함</td></tr>
<tr><td>공동저자
(Co-Author)</td><td>- 연구에 기여했지만 주저자나 교신저자만큼의 책임은 없음
- 연구에 참여한 공동연구원 및 연구보조원, 연구 수행 중 중요한 연구 정보를 상의하고 결론에 이르는 데 기여한 자</td></tr>
<tr><td rowspan="2">저자권</td><td>저자의 결정</td><td>- 연구의 기여도에 따라 제1 저자, 제2 저자 순으로 결정
- 소규모 연구의 경우 한 사람이 주저자와 교신저자 역할을 함</td></tr>
<tr><td>저자의 순서</td><td>학문 분야별 전통과 관행을 인정하여, 연구에 참여한 상대적 기여도에 따라 또는 참여한 저자들 간의 합의에 따라 결정하기도 함</td></tr>
</table>

(2) 저작권(著作權, copyright)

저작권은 사람의 생각이나 감정을 표현한 결과물에 대하여 그것을 표현한 사람에게 주는 권리를 말하며, 창작물에 대한 상업적인 소유권과 관련된다. 대부분 논문의 소유권은 학술지를 출간한 학회나 출판사가 갖고, 저작권에 대해서는 성문화된 법으로 상세히 규정하고 있다. 저작물의 종류로는 어문, 음악, 연극, 미술, 건축, 사진, 영상, 도형, 컴퓨터 프로그램, 2차적 저작물, 편집 저작물, 공동저작물 등이 있다. 저작권법에 따르면 공표된 저작물에 대해서는 보도, 비평, 교육, 연구 등을 위하여 일정한 조건 하에서는 저작권자의 허락을 받지 않고도 이용할 수 있는 경우가 있으나 그때에도 출처를 밝혀 주어야 한다.

4) AI 글쓰기와 윤리적 문제

인공지능 기술이 급속히 발전함에 따라 글쓰기 영역에서도 AI를 활용한 글쓰기가 중요한 화두가 되었다. 생성형 AI(Generative AI)는 인간과 유사한 방식으로 자연어를 이해하고 생성하는 능력을 갖춘 인공지능을 의미한다. 챗지피티와 같은 생성형 AI는 대량의 데이터와 통계 모델을 기반으로, 데이터를 학습하여 자체적으로 패턴을 인지하고 이해할 수 있기 때문에 문장을 생성하거나 텍스트를 번역하고 요약하는 등의 작업을 수행할 수 있다.

최근에 기술이 발달함에 따라 생성형 AI를 활용한 글쓰기는 주어진 질문에 답하는 방식을 넘어 완벽한 글을 창작하는 수준에 이르고 있다. 사용자의 요청에 따라 어떠한 종류의 글쓰기도 신속하게 해결하는 AI 글쓰기는 그 활용도가 무한하여 누구나 손쉽게 사용할 수 있다.

대학에서도 글을 쓸 때 AI의 도움을 받아 작성하는 것이 일상화되면서 편리함의 이면에 존재하는 문제점들이 드러나고 있다. AI 글쓰기가 긍정적인 면만 있는 것이 아니기 때문에 도구로써의 AI 활용에 대해 정확하게 인식하지 못하고 과도하게 의존할 경우 사용자의 창의력과 글쓰기 능력은 약화될 수밖에 없다. 따라서 대학생들은 AI를 활용하여 글쓰기를 할 때 일어날 수 있는 윤리적 책임 문제와 사회적 영향 등에 대하여 이해하고, AI의 사용에 주의해야 한다.

(1) AI 글쓰기의 한계와 문제점

AI는 이미 존재하는 많은 데이터를 학습하여 패턴을 인식해서 새로운 콘텐츠를 생성할 수 있지만, 인간이 지닌 고유한 창의성과 상상력을 직접 구현해 내거나 창의적 사고를 통해 스스로 표현하는 능력은 부족하다. 이러한 상황 속에서 인간의 감정, 경험, 정서 등이 다층적으로 담겨 있는 섬세한 글을 창작하거나 해독하는 것이 아직은 미흡해 보인다. 또한 학습한 데이터가 편파적이거나 오류가 있을 경우 이를 그대로 받아들여 사용하게 된다면 다양한 문제를 야기하게 된다. 이처럼 AI를 이용해 글을 쓸 때 정보의 진위 여부를 확인하지 않고 무비판적으로 사용하거나 확산하게 된다면 사회적으로나 학문적으로 큰 문제가 될 수 있어 이에 대한 경각심이 필요하다.

AI 글쓰기를 통해 생산된 글의 저작권 문제나 내용에 담긴 윤리적 문제의 책임 소재 등이 앞으로 AI를 활용한 글쓰기를 할 때 대두될 수 있는 문제이다. 학습자들은 이러한 문제에 대해 정확히 이해하고 AI를 자신의 창의력과 상상력을 효과적으로 구현할 수 있는 의미 있는 도구 정도로 활용하는 것이 바람직하다.

(2) 생성형 AI 글쓰기 활용 시 주의점

대학 생활에서 챗지피티와 같은 생성형 AI를 사용하는 것은 이미 일상화되었다. 학문 분야의 자료 검색과 연구에 필요한 정보를 얻는 것에서 나아가 글을 요약하고 작성하는 단계까지 AI를 활용하여 글을 쓰고 있다. 그러나 과제 작성이나 글쓰기를 직접적으로 생성형 AI에게 요청하는 것은 학습자가 스스로 사고하고 글을 쓸 수 있는 능력을 저하시킬 수 있기 때문에 주의해야 한다.

예를 들어 생성형 AI를 사용하여 글 전체의 개요 작성과 초안을 작성하고자 할 때 자신이 먼저 관련 주제나 생각을 정리한 후에 다루고 싶은 내용에 대해 질문을 만들고 그에 따라 자세한 질문을 이어나가면서 자신의 생각을 구체화시켜야 한다.

생성형 AI는 잘못된 정보를 사실처럼 답변하는 '환각효과'가 있기 때문에 이에 대해 경각심을 갖고 자신이 찾아본 AI의 답변이 사실인지 아닌지 반드시 확인하는 과정을 거쳐야 한다. 이때 자료의 신뢰성을 확보하기 위해서는 1차 자료나 2차 학술자료, 정확한 기사 등의 문헌 자료를 통해 확인하는 것이 바람직하다. 생성형 AI의 답변 중에는 그럴듯하지만 사실이 아닌 정보가 부분적으로 들어 있어 실제 원본 텍스트에 대한 지식이 없는 경우 오류를 인지하기 어렵다. 이러한 상황에서 AI가 답변한 글을 그대로 사용할 경우 글의 신뢰성을 잃게 될 뿐 아니라 심각한 문제를 야기할 수 있게 된다.

특히 글의 출처를 표시하는 서지사항이 잘못되거나, 참고 문헌 자체의 오류 등을 검증 없이 그대로 사용할 경우 글의 신뢰성을 잃게 되고 지식 생태계를 혼란스럽게 할 수 있다. 그러므로 생성형 AI를 활용하여 글을 쓸 때는 주어진 답변을 점검해 보고, 자신의 관점이나 기술 방향에 따라 주체적으로 선별하여 자신의 글에 사용하는 자세가 필요하다.

또한 생성형 AI의 도움을 받아 글을 쓸 경우 출처 표기를 위해 활용 기록과 사본을 저장해 두어야 한다. 이때 사용자가 질문한 프롬프트의 내용이나 화면 이미지, 생성된 대화의 링크 등을 저장해 두면 도움이 된다. 이렇게 저장해 둔 자료는 글을 쓸 때 주석을 달아 정확한 출처를 표기하는 데 효과적으로 사용할 수 있어 글의 신뢰성을 주게 된다. 이처럼 AI 생성물을 참조한 경우에는 본문이나 내용주에서 활용 내역을 기술하고 참조주를 달아 출처를 표기하는 것이 도움이 된다. AI에게 묻고 답한 내용을 제시할 필요가 있을 경우 별도로 정리하여 글 뒤에 첨부한다. 이와 같이 정리하는 이유는 사용자의 프롬프트 입력 방식에 따라 AI 생성물이 달라지기 때문에 상세하게 AI 활용 내용을 기술하기 위해서다.

생성형 AI가 학술 논문의 저자로 인정되지는 않지만, 글쓰기 과정에서 AI 생성물을 참조한 경우에는 그 사실을 밝혀야 한다. 이는 인공지능 시대 AI를 활용한 글쓰기의 윤리를 지키기 위해 필요한 과정이라 할 수 있다.[1]

1 서울대학교 기초교육원, 〈서울대학교 생성형 AI 활용 글쓰기 윤리 교육 ① 주의 사항 편〉을 참고.

〈생성형 AI 출처 표기 방법〉

1. 기관명에는 'OpenAI'를 작성하고, 질문 생성 연도를 작성한다.
2. 제목에는 'ChatGPT', 사용한 버전, '[Large language model]'을 작성한다.
3. ChatGPT의 URL을 기재한다.
4. 사용된 프롬프트는 본문에 함께 작성한다.
5. 프롬프트의 길이가 길 경우 부록에 전체 프롬프트를 별도 첨부한다.

〈예시〉

- 기관명, (연도), 제목(버전) [Large language model]. URL
- OpenAI. (2023). ChatGPT(version 3.5) [Large language model]. https://chat.openai.com

〈생성형 AI를 현명하게 활용하기 위한 체크리스트〉

분류	내용	적용
1. 저작권	생성형 AI의 결과물을 활용할 때 생성형 AI를 활용해서 얻은 결과물이라고 출처를 표기했나요?	네☐ 아니오☐
2. 권리침해	생성형 AI를 활용할 때 타인의 권리가 침해될 수 있는 텍스트, 오디오, 이미지 등을 사용하지 않았나요?	네☐ 아니오☐
3. 명예훼손	생성형 AI에 질문이나 정보를 입력할 때 특정인의 명예를 훼손하거나, 차별하는 내용이 포함되어 있지는 않나요?	네☐ 아니오☐
4. 혐오표현	생성형 AI가 제시한 정보에 개인, 기관 등 특정 대상을 비난하거나, 가치관이나 주장을 일방적으로 혐오하는 내용이 포함되어 있지 않나요?	네☐ 아니오☐
5. 정보유출	생성형 AI로 정보를 얻거나 콘텐츠를 제작하기 위해 개인정보, 기업 기밀 등 민감한 정보를 제공하지는 않았나요?	네☐ 아니오☐
6. 허위조작 정보	생성형 AI로 가짜뉴스, 스팸 등을 만들기 위해 사실이 아닌 부정확한 정보나 조작된 내용을 일부러 입력하지는 않았나요?	네☐ 아니오☐
7. 정보편향	생성형 AI가 결과로 제시한 정보에 한쪽으로 치우친 편향적인 내용이 없는지 확인하였나요?	네☐ 아니오☐
8. 환각현상	생성형 AI가 제공한 정보가 모두 정답은 아니라는 생각을 하며 잘못된 정보가 있는지 사실 확인을 위해 교차검증을 했나요?	네☐ 아니오☐
9. 오남용	생성형 AI가 주는 편리함에만 의존하지 않고 먼저 충분히 생각하고 고민한 후에 생성형 AI는 보조적 수단으로 활용하였나요?	네☐ 아니오☐
10. 창의성	생성형 AI가 제시한 결과를 그대로 사용하지 않고, 재해석하거나 자신의 생각과 아이디어를 덧붙여 생산적으로 활용하였나요?	네☐ 아니오☐

–『생성형 AI 윤리 가이드북』, 한국정보사회진흥원. 2023

학습활동 1

자신이 쓴 글을 표절 검사기 프리포스트SEO(Prepostseo), 카피킬러(Copykiller), 듀플리체커(Duplichecker) 등을 사용하여 유사도 검사를 진행해 보고, 나온 결과를 정리해 보자.

본문	
의심 문장	
GPT 작성 의심 영역	
결과 확인서	

학습활동 2

생성형 AI에게 자신이 알고 싶은 내용을 다양한 방식으로 프롬프트(prompt)를 넣어 질문한 후 이에 대한 각각의 답변을 적어보자. (동일한 질문을 점점 자세하고 깊이 있게 질문하며 답변의 내용을 비교해 보자.)

단계	질문	답변 내용
1		
2		
3		

학습활동 3

글쓰기 영역이나 대중문화 분야에서 대표적인 표절 사례를 찾아보고, 이에 대한 문제점을 정리한 후 발표해 보자.

분야	사례
문학	
음악	
미술	
게임	
기타	

III

글쓰기의 기본

글쓰기는 자신의 생각을 다른 사람에게 전달하는 의사소통의 과정이다. 우리는 이런 의사소통을 통해 의미를 생성하고 문제를 해결한다. 그러나 아무리 좋은 생각이라 하더라도 표현하지 않으면 소용이 없다. 생각을 표현했을 때 의사소통이 이루어질 수 있기 때문이다.

이 장에서는 글쓰기의 기본에 대하여 학습하게 된다. 글을 쓰기 위한 절차와 방법을 배우고, 완성도 높은 글을 쓰기 위해 우리말 표기법과 표현법을 익히며, 많은 자료들을 읽고 정리할 수 있도록 요약하기의 방법에 대해 배운다.

이 장의 학습 내용을 잘 익힌다면 글쓰는 것에 대해 어느 정도는 자신감을 가질 수 있다. 글이 어떻게 구성되고 쓰여지는지에 대해서 전체적으로 이해할 수 있기 때문이다. 매시간의 학습내용과 학습활동에 적극적으로 참여함으로써 글쓰기에 대해 자신감을 갖도록 해보자.

"쓰지 않으면 글쓰기는 멈춘다. 생각도 마찬가지다."

– 버지니아 울프 (Virginia Woolf)

1

글쓰기 절차

한 편의 글을 쓰기 위해서는 일정한 절차를 거쳐야 한다. 이러한 절차를 거쳤을 때 자신이 표현하고자 하는 내용을 분명하게 전달할 수 있고, 타인과의 의사소통도 원만하게 이루어질 수 있다.

글쓰기는 크게 세 단계를 거쳐 이루어진다. 첫 번째 단계는 '계획하기'로 쓰고자 하는 글을 위해 준비하는 과정이다. 두 번째 단계는 선정된 주제, 자료 조사, 개요를 토대로 실제 글을 완성해 가는 '집필하기'이다. 집필은 글의 구성 방식을 이해하며 구체적인 내용을 채워가는 과정이다. 세 번째는 집필 이후 글을 다듬는 '고쳐쓰기' 단계이다. 글은 한 번에 쓰는 것이 아니며 여러 번의 다듬는 과정을 통해 완성된다. 좋은 글을 쓰기 위해서는 각 단계에 해당하는 세부 내용을 이해하고 익숙해지도록 해야 한다.

1단계: 계획하기			→	2단계	→	3단계
주제 정하기	자료 수집 정리	개요 작성		집필하기		고쳐쓰기

〈글쓰기의 세 단계〉

1) 글쓰기 준비 : 계획하기

(1) 주제 정하기

글을 쓰려고 할 때 가장 먼저 생각해야 하는 것은 '무엇에 관하여 쓸 것인가'이다. 즉 주제를 선정하는 일이다. 주제는 글쓴이가 말하고자 하는 중심 생각이며, 글을 통해 전달하고자 하는 핵심 내용이다. 주제는 가주제와 참주제로 나눌 수 있다. 가주제는 글의 재료 중 관심 대상을 선택한 것으로 범위가 넓으면서 막연한 주제이다. 한편 참주제는 글쓴이의 구체적인 생각이 드러나도록 대상에 대한 관점을 상세하고 명확하게 제시하는 것이다. 주제는 1차적으로 가주제를 선정하고 세부적인 참주제를 정하는 과정을 거쳐야 한다.

이처럼 주제는 한 번에 정해지지 않는다. 글을 써야 할 대상과 관련하여 아이디어를 찾고 관심 영역을 좁히는 다양한 과정을 거쳐야만 적합한 주제를 선정할 수 있다. 글쓰기의 출발이 되는 주제란 무엇이며 주제를 정하기 위해 거쳐야 하는 과정은 어떠한지 알아보자.

① 관심 대상 찾기와 가주제

글의 주제를 처음부터 명확하게 정하기는 어렵다. 좋은 주제를 선정하려면 써야 할 대상과 관련된 재료를 충분히 모으는 것이 중요하다. 글감을 모을 때는 자유로운 연상 방법으로 다양한 생각을 해야 한다. 자유로운 생각에서 얻어진 글감은 창의적인 아이디어를 발견하고 좋은 주제로 나아가는 길이 될 수 있기 때문이다.

자유로운 연상에서 얻어진 광범위한 글의 재료 중 좁혀진 관심 대상을 화제라고 하는데, 이는 범위가 매우 넓으면서 막연한 주제로 '가주제'라고 한다. 예를 들어, 세계인이 주목하는 K-컬처의 영향에 대해 글을 쓰고자 할 때 'K-콘텐츠의 흥행'과 같은 포괄적인 주제를 화제, 즉 가주제라고 한다.

② 주제 선정의 방법

참주제는 글쓴이의 관점이나 태도가 반영된 것이다. 예를 들어 'K-콘텐츠의 흥행'

은 범위가 넓고 글쓴이의 입장이 드러나지 않는 가주제이지만, 'K-콘텐츠의 흥행 원인 중 하나인 경쟁 구도를 활용한 스토리텔링'처럼 대상에 대한 글쓴이의 태도가 분명히 드러나는 것은 참주제라고 할 수 있다.

참주제는 '무엇을 쓰는가?'에서 '무엇'에 대한 글쓴이의 구체적인 생각이 드러나는 것이다. 주제는 한 번에 정해지는 경우도 있지만 여러 번의 세부화 과정을 통해 설정된다. 그러므로 좋은 주제를 선정하기 위해서는 정해진 가주제의 영역을 좁히며 자신의 관점이 명확해지도록 해야 한다. 또한 주제는 글의 종류, 목적, 분량, 대상 독자 등 여러 사항을 고려하여 선정해야 한다. 다음은 주제를 정할 때 고려해야 할 점이다.

첫째, 글의 목적과 종류를 점검해야 한다. '무엇을 목적으로 하는 글인가?', '어떤 글을 쓸 것인가'에 따라 글의 주제는 달라질 수 있다. 글의 목적이 자료 조사와 사실 확인일 경우, 주제는 객관적 정보 전달에 초점을 맞춰서 설정되어야 할 것이다. 글의 목적이 타당한 근거를 통한 설득에 맞춰져 있다고 한다면, 논의하고자 하는 문제의식과 근거가 뚜렷하게 드러나도록 선정해야 한다. 또한 설명문, 논설문, 비평문 등 글쓰기 유형에 따라 주제 선정 기준과 조건이 달라지기 때문에 글의 종류를 확인해야 한다.

둘째, 여러가지 상황을 고려하여 주제를 정해야 한다. 우선 글의 분량에 따라 가능한 주제의 범위를 선택하고 결정해야 할 것이다. 또한 주어진 시간이나 자신의 능력을 고려할 때 감당할 수 있는지를 분별해야 한다. 자신의 생각이나 관점을 뚜렷하게 밝힐 수 있는 주제인지, 자료 수집과 검토가 가능한지 냉정하게 판단하여 주제를 선정해야 한다.

셋째, 독자를 분석하여 적합한 주제를 정해야 한다. 창의적인 주제라고 할지라도 읽는 사람이 이해하지 못하고 흥미가 없는 주제라면 좋은 글로 완성하기 쉽지 않다. 읽는 사람이 관심을 가질 만한 주제를 선택하는 것이 필요하다. 그러므로 글을 읽는 사람이 누구인지, 어떤 목적을 가지고 읽는지, 예상 독자의 배경지식이나 기대 수준 등을 파악하여 주제를 정해야 한다.

주제 선정 과정	
키워드	K-컬처
연상어	아이돌, BTS, 드라마, 예능, 한복, 라면, 김치, OTT, 숏폼, 먹방, 로컬, 가족, 공동체, 갈등, 회복, 경쟁, 서바이벌, 성공, 협력, 성장
가주제	K-콘텐츠의 흥행
관심 영역 좁히기	K-예능, K-드라마, K-콘텐츠 공통점, 서바이벌 예능의 흥행, 신체적 한계 도전과 경쟁 구도, 연애, 음식, 여행 등의 일상적 영역에서 경쟁 구도 설정, 경쟁 구도와 개인의 성공
글의 목적	K-컬처 중 세계적으로 관심이 증가하고 있는 분야와 그 이유를 밝히는 글
글의 조건	A4 2쪽 이내 분량으로, 자신의 주장을 뒷받침할 수 있는 객관적 근거 자료를 충분히 활용해야 함.
독자 분석	K-컬처에 관심을 가지고 있는 대학생 이상 독자
참주제	K-콘텐츠의 흥행원인 중 하나인 경쟁 구도를 활용한 스토리텔링

(2) 주제문 작성하기

주제가 정해지고 나면 주제문을 작성해야 한다. 주제문은 주제를 문장 형식으로 표현한 것으로, 글쓴이의 의견이나 태도가 명확하게 드러나도록 글의 핵심적인 내용을 담고 있어야 한다. 'K-컬처가 주목받는 이유는 무엇인가', 'K-콘텐츠의 흥행 요인과 의미'와 같이 의문형이거나 제목형으로 작성하기보다는, 'K-콘텐츠의 성공 요인은 서바이벌 예능의 다양한 경쟁 구도 방식과 영웅 스토리에 있다.'처럼 완전한 문장 형태로 작성해야 한다. 다음은 주제문을 쓸 때 지켜야 할 조건이다.

〈주제문 작성의 원칙〉

1. 주제문에는 하나의 중심생각만 넣어야 한다.
2. 주어와 서술어의 형식을 지닌 완전한 문장이어야 한다.
3. 글쓴이의 입장이 명확하게 전달되고 글의 방향을 예측할 수 있도록 구체적으로 작성해야 한다.
4. 글쓴이의 의견이나 태도가 정확하게 드러나도록 평서문으로 쓴다. 의문문, 비유법 등의 표현을 사용하지 않는다.
5. 사실이나 근거에 의해 증명될 수 있어야 한다.
6. 간결하고 어법에 맞게 써야 한다.

학습활동 1

다음 예문을 주제문 작성의 원칙에 맞게 수정해 보자.

1) 배달음식 소비의 증가로 인한 일회용품 폐기 문제

2) 출산장려금은 저출산 문제를 해결할 수 있는가?

3) 비정규직 문제와 해결책에 대해 생각해 봐야 한다.

4) 생성형 AI가 주는 글쓰기의 편리함은 양날의 검과 같다.

5) 코로나 이후 발생한 우울증 문제를 해결하기 위해서는 사회적 소통의 기회를 확대하는 것이 소외감으로 인한 문제를 해소하는 데 좋기 때문에 사회적 소통의 기회를 마련해야 한다.

학습활동 2

제시된 키워드 중 하나를 선택하여 주제 선정 과정을 작성해 보자.

키워드	인공지능/ 1인 미디어
연상어	
가주제	
관심 영역 좁히기	
글의 목적	
글의 조건	
독자 분석	
참주제	
주제문	

(3) 자료 수집과 정리하기

주제가 정해지고 주제문을 작성했으면 자료를 모으고 선별해야 한다. 주제가 확정되었다고 해서 개인의 생각만으로 글을 완성하는 것은 어렵다. 글의 신뢰성을 확보하기 위해서는 적절한 자료를 활용해야 한다. 개인적 경험이나 느낌을 서술하는 에세이를 제외하면 대학에서 작성하는 많은 글은 자료를 활용하는 경우가 대부분이다.

① 자료의 수집

자료 수집은 주제에 대한 이해를 높이고 심도 있는 문제의식을 발견할 수 있다는 점에서 반드시 필요한 과정이다. 자료 수집은 주제와 관련하여 글을 쓰는 목적을 다시 점검하고 그 가치를 파악할 수 있다는 점에서 매우 중요하다. 자료는 다음과 같이 나눌 수 있다.

문헌 자료	단행본, 학위논문, 학술지 논문, 발표집, 실험 보고서, 회의록, 신문, 잡지, 백과사전
시청각 자료	그림, 사진, 영상, 오디오 파일, 설계도면
기타	설문자료, 통계자료, 실험 데이터

자료는 주제와 직접적으로 관련이 있는 1차 자료와 주제를 명확하게 전달하기 위해 글의 사실이나 논리를 뒷받침하는 2차 자료로 나눌 수 있다. 즉 1차 자료는 연구대상으로 삼는 기본 텍스트를 의미하고, 2차 자료는 1차 자료에 대한 연구 및 분석에 해당이 되는 자료를 의미한다. 학술적 글쓰기나 비평적 글쓰기 등 대학에서 주로 작성하는 글의 경우, 1차 자료와 2차 자료를 구분하여 수집한다. 다음은 자료를 수집한 예시이다.

예시 1

주제	OTT 드라마 〈오징어 게임〉을 통해 살펴본 생존 경쟁과 능력주의
검색어	오징어 게임, 생존 경쟁, 능력주의, 넷플릭스
1차 자료	〈오징어 게임〉, 넷플릭스 홈페이지 https://www.netflix.com. 2021년 9월
2차 자료	강유정, 「한국형 생존 서사와 K-능력주의: 넷플릭스 오리지널 드라마 〈오징어 게임〉을 중심으로」, 『한국근대문학연구』 2, 한국근대문학연구회, 2022. 안명숙, 「서바이벌 드라마 '오징어 게임'에 대한 시청자 감성 연구」, 『문학치료연구』 63, 한국문학치료학회, 2022. 안숭범, 「불공정 피로 사회, 비상식 투명사회의 폭력구조; 〈오징어 게임〉, 〈지옥〉론」, 『문화콘텐츠연구』24, 건국대학교 글로컬 문화전략연구소, 2022. 밀러, 로버트 K, 『능력주의는 허구다: 21세기에 능력주의는 어떻게 오작동 되고 있는가』, 사이, 2015. 조남수, 『인간의 생존 집단의 경쟁』, 바이북스, 2021.

예시 2

주제	노년층의 키오스크 사용 경험 실태와 개선 방안
검색어	키오스크, 무인 단말기, 노년, 디지털 취약층, 디지털 소외현상
1차 자료	노년층 키오스크 사용자의 경험 사례, 인터뷰, 설문 조사 결과
2차 자료	강주희·윤성진, 「무인 키오스크 접근성 개선 방안에 관한 연구」, 『한국품질경영학회학술대회』, 한국품질경영학회, 2022. 정민경·유 은, 「고령자의 심리적 요인을 고려한 키오스크 사용 경험 개선 제안」, 『디자인학연구』35, 한국디자인학회, 2022. 이유림, 「디지털 시장에서의 소비자 소외에 대한 연구」, 성균관대학교 박사학위논문, 2022. 시니어 토크쇼 〈황금연못〉(KBS, 2020) 275~278회 '무인 셀프 계산대'

② 자료 수집의 방법

자료 수집은 자료 검색을 통해 적절한 자료를 조사하는 것에서부터 시작된다. 주제와 관련된 많은 자료를 무조건 모으기보다 적합한 자료를 찾고 선별하는 것이 중요하다. 좋은 자료를 찾기 위해서는 다양한 자료를 살펴보는 것이 필요하다. 접근하기 쉽거나 편하다는 이유로 포털 사이트에만 의존하여 자료를 수집하는 것은 불확실한 사실이나 왜곡된 자료에 노출될 위험이 있기 때문에 주의해야 한다.

학교 도서관 사이트를 활용하면 다양한 자료를 손쉽게 구할 수 있다. 우선 소장 자료 찾기 기능으로 도서관에서 보유하고 있는 자료를 검색할 수 있다. 도서관 검색창을 잘 활용하면 문헌 자료뿐 아니라 전자, 영상 등 다양한 자료에 접근이 가능하다. 또한 학교 도서관에서 소장하고 있는 자료뿐 아니라 연계된 주요 전자정보 포털 사이트의 자료를 이용할 수 있다.

〈도서관 검색 화면〉

〈도서관 연계 전자정보저널〉

〈도서관 하단 메뉴 연계 사이트〉

학교 도서관 사이트의 처음 화면 상단 메뉴를 활용하면, 다양한 자료를 검색할 수 있다. 소장 자료 검색창 바로 아래 메뉴 중 '학술 DB'를 선택하면 학술 정보와 관련하여 전자정보 포털 사이트에 대한 정보를 확인할 수 있다. 관련된 전문 분야의 전자정보 포털 사이트를 통해 학교에서 보유하고 있는 자료 이외 국내·외 전문 자료를 검색하고 살펴볼 수 있다. 'RISS, 국가전자도서관, 국립중앙도서관, 국회도서관, ScienceON, FRIC, TUKOREA아카이브'와 같은 주요 전자정보 포털은 도서관 홈페이지 하단에 배치되어 있으니 쉽게 이용할 수 있다. 참고할 만한 주요 학술 관련 사이트는 다음과 같다.

검색 기관명	특징
학술연구정보서비스 (RISS)	- 학위논문, 학술지, 전자자료 등을 제공 - 회원 가입 후 자료 열람 및 다운로드 가능(일부 자료 유료)
한국학술정보 (KISS)	- 다양한 학문 분야의 학술 논문, 연구 보고서 등을 제공 - 유료 회원, 일부 논문은 무료로 열람 가능
학술데이터베이스 (DBpia)	- 다양한 분야의 국내 학술 논문 검색, 열람 가능 - 기관 계정을 통해 무료 열람 가능 - 개인 이용자는 유료 구독
교보문고 스콜라 (Scholar)	- 학술 논문, 학위논문, eBook 등을 제공 - 다양한 주제의 자료 제공

한국학술지인용색인 (KCI)	- 한국연구재단에서 제공하는 학술 논문 데이터베이스 - 국내 학술지 논문과 연구자의 인용 정보 확인 가능
국회도서관 (National Assembly Library)	- 국회도서관이 소장한 학술 논문, 법률 자료, 보고서 등을 검색 열람 가능 - 회원 가입 후 서비스 이용
국립중앙도서관	- 국내외 학술 자료와 디지털 콘텐츠 열람 가능 - 도서관 회원 가입 후 이용 가능
국가과학기술센터 (NDSL)	- 과학기술 및 산업 관련 연구 자료 검색 - 데이터베이스, 학술 논문, 보고서 등 제공

자료 검색을 통해 관련 자료를 모았다면, 다음으로는 적합한 자료를 선별해야 한다. 검색을 통해 찾은 모든 자료를 전부 활용하는 것은 불가능하다. 주제에 적합하고 자신이 충분히 이해할 수 있는 자료를 꼼꼼히 검토한 후 선별해야 글쓰기에 적용할 수 있다. 다음은 조사한 자료를 선별할 때 참고할 점이다.

〈자료를 선별할 때 유의할 점〉

1. 글의 주제를 뒷받침할 수 있는 자료를 선정한다.
2. 글의 주제 분야와 관련하여 전문성을 공식적으로 인정받은 자료를 선정한다.
3. 출처가 분명한 자료를 선정한다.
4. 단행본이나 논문의 참고 문헌을 활용하여 반복적으로 언급되는 자료를 선정한다.

③ 자료 정리

필요한 자료를 수집한 다음에는 글을 쓰기에 편리하도록 자료를 목록화하고 정리한다. 자료 정리는 글을 쓰는 사람이 쉽고 빠르게 자료를 활용하기 위한 목적도 있지만, 자료의 출처를 정확하게 기록하기 위해서도 중요하다. 자료는 다음과 같이 정리한다.

첫째, 내용과 성격에 따라 분류한다. 글에서 다룰 논의를 직접적으로 다룬 자료와 논의할 내용을 뒷받침하는 데 필요한 사실, 개념, 이론 등을 구분한다. 동일한 사항이나 같은 논점의 자료들을 묶어서 정리하고 주제에서 다루려는 논의와 반대되는 자료는 구분해서 정리한다.

둘째, 자료의 출처를 정확하게 기록한다. 저자, 제목, 발행기관, 발행 연도, 인용 면수 등을 자세하게 기록해 두어야 반복하여 자료 조사를 하는 수고를 덜 수 있으며, 참고 문헌을 작성할 때도 활용할 수 있다.

셋째, 자료에서 인용할 부분과 인용 방법을 표시하여 정리한다. 자료를 검토하며 자신의 의견이나 생각에 대해서도 구분해서 정리해 두어야 한다. 자료와 자신의 의견이 혼동되어 기록될 경우 표절의 문제가 있을 수 있으니 주의해야 한다. 자료 정리하는 방법은 다음과 같다.

자료 출처	이현정·전형준, 「디지털 시대의 잊힐 권리와 개인정보 자기결정권에 관한 규범적 분석」, 『미디어와 인격권』 10, 언론중재위원회, 2024.
직접 인용	– "잊힐 권리는 유럽연합의 일반정보 보호 규정(GDPR)에 따라 개인이 온라인에 남겨진 자신의 정보를 삭제하거나 비공개로 전환할 수 있는 권리를 말하고, 이 권리는 2014년 유럽연합 사법재판소(CJEU)의 Google Spain 사건에서 처음으로 인정되었다."(55쪽) – "개인의 프라이버시는 개인의 존엄성과 자율성을 지키며 자기결정능력을 발전시키는 데 필수적이다. 또한 프라이버시가 없으면 개인은 지속적인 감시와 잠재적인 조작에 노출되어 자율적인 의사 결정 능력이 손상될 수 있다."(60쪽)
간접 인용	잊힐 권리는 개인정보가 데이터베이스로 되는 경우가 많으며 주로 인터넷 플랫폼에 의해 이루어진다. 그러므로 잊힐 권리는 국가가 아닌 인터넷 서비스 제공자를 상대로 행사하기 때문에 효과가 제한적이다. 따라서 표현의 자유를 위축시킨다는 점, 잊힐 권리를 통한 정보의 삭제 범위를 특정하기 어렵다는 점 등의 한계가 있다.(60~61쪽)
나의 의견	– 개인 의사와 상관없이 불법적인 정보 유출 사건 피해, 익명표현의 권리가 남용되는 상황은 계속 증가할 것이다. 개인 정보 삭제 또는 복원 기술은 어느 정도 발전했을까? – 잊힐 권리와 정보 삭제 기술 관련, 한국의 실태, 다른 나라의 사례 살펴볼 필요 있음.

학습활동 3

글쓰기 활동을 통해 선정한 주제와 관련하여 자료를 검색한 후 목록을 만들어 보자.

주제	
주제문	
검색 키워드	
자료 종류	**출처**
단행본	
학술지 논문	
기사	
시청각 자료	
기타	

학습활동 4

'학습활동 3'에서 수집한 자료 중 1개를 선택해 다음 사항을 정리해 보자.

주제	
자료 출처	
직접 인용	
간접 인용	
나의 의견	

(4) 개요 작성

주제를 정하고 자료를 수집, 정리한 다음에는 개요를 작성해야 한다. 개요는 집필 전에 전체 글의 내용을 항목화하여 틀을 짜는 것으로 건물을 짓기 위해 필요한 설계도와 같다. 개요는 자신이 쓰고자 하는 내용을 잘 나타낼 수 있도록 정리한 글의 뼈대이며, 생각을 통해 이미지로만 기억했던 글의 기획을 문서로 기록하는 것이다. 개요를 작성하면 글 전체의 흐름을 파악할 수 있고 구성에 따른 세부 내용을 유기적으로 연결할 수 있다.

① 글의 구성

개요는 글을 구성한 다음 작성하게 되는데, 글의 구성이란 논리적으로 문단을 조직하고 배열하는 일을 말한다. 글의 구성은 다음과 같다.

구성의 유형	내용	
시간적 순서에 따른 구성	- 시간적 순서에 따라 제재를 배열 - 시간의 순서를 바꾸어 제재를 배열 - 서사적 기록물, 답사보고서, 기행문 등	
공간적 질서에 따른 구성	- 일정한 공간적 순서에 따라 제재를 배열 - 대상의 외관 묘사나 풍경의 묘사, 건물의 구조를 설명할 때 사용	
단계식 구성	3단 구성	서론, 본론, 결론
	4단 구성	도입, 전개, 발전, 결말
포괄식 구성	두괄식 구성	주제나 핵심 내용을 글의 처음에 둠
	미괄식 구성	주제나 핵심 내용을 글의 마지막에 둠
	양괄식 구성	주제나 핵심 내용을 글의 처음과 끝에 둠
열거식 구성	- 대등한 제재들을 나란히 배열 - 어떤 내용에 대한 글쓴이의 생각을 간결하게 말하거나 중요한 사항들을 몇 가지로 나누어 밝힐 때 사용	
점층식 구성	중요성이나 원리가 작은 사항으로부터 시작해서 점차 큰 것으로, 또는 그 반대의 것으로 설명되는 것	

글의 구성은 다양한 유형이 있으므로 글의 종류에 따라 적합한 구성 방식을 선택하면 된다. 일반적으로 많이 쓰는 구성 방식은 3단 구성이라고 할 수 있다. 각 단계는 전체 글의 완성도를 위해 정해진 역할이 있고, 이에 맞는 내용을 포함하고 있다. 다음은 3단 구성 단계를 간단히 정리한 것이다.

3단 구성	서론	- 쓰고자 하는 글에 대한 방향을 제시하는 단계로 글 전체를 독사에게 안내해 주는 부분이다. - 글을 쓴 이유와 목적을 밝히며 글쓴이의 문제의식을 나타낸다. - 본론의 내용이 어떤 방법으로 작성되었는지 간단하게 제시하여 독자가 글에 관심을 가지고 읽을 수 있는 준비를 마련해주는 단계이다.
	본론	- 주제에 대해 구체적이고 적합한 진술을 통해 말하고자 하는 핵심을 포함하고 있는 부분이다. - 글의 종류나 목적에 따라 다르게 구성할 수 있다. - 글의 목적에 부합한 내용을 통해 독자에게 신뢰감을 주는 중요한 역할을 하는 단계이다. - 논설문은 서론에서 제기한 문제점이나 원인 분석, 해결방안 제시 등의 내용을 선택적으로 배치한다. - 설명문의 경우 서론에서 언급한 대상의 구체적인 특징이나 개념, 원리 등을 독자가 이해하기 쉬운 방식으로 배치한다.
	결론	- 본론의 내용을 정리하고 요약하여 글에서 말하고자 하는 바를 다시 한 번 강조하는 부분이다. - 글을 끝맺는 단계이므로 논의된 과제에 대하여 완결성을 보여야 한다.

② 개요 작성의 방법

개요는 글을 체계적으로 서술하기 위해서 필요하므로, 어떻게 글을 쓸 것인지 구상한 후 작성하는 것이 좋다. 또한 여러 단계를 거치면서 개략적인 내용에서 구체적인 내용으로 작성한다. 개요는 한번 정해졌다고 해서 수정이 불가능한 것은 아니다. 집필 중에도 문제점을 발견했다면 작성한 개요를 수정하여 보완할 수 있다. 집필 과정에서 자료 분석을 통해 문제의식이 변경되거나 글의 방향이 변경될 경우 개요의 수정은 충분히 가능하다. 다만 수정을 생각해서 너무 광범위하고 막연하게 개요를 짠다면 개요 작성의 의미를 발견할 수 없을 것이다. 되도록 처음부터 개요를 꼼꼼하게 작성하여 이후 집필할 때 시간적 여유를 갖는 것이 좋다.

개요는 글쓴이가 글의 전체적인 흐름을 한눈에 알아보기 위해 작성하는 것이다. 그러므로 개요를 작성할 때는 각 장과 절, 항목 등 표제에 따른 통일된 부호를 사용해야 한다. 표제의 층위가 같은 것끼리 같은 부호를 사용하고, 세분된 표제는 하위 부호를 사용하는 등 일정한 규칙을 따라야 형식적으로 완전한 개요가 된다.

〈개요 작성의 과정〉

1. 글의 종류와 목적을 점검하고, 쓰려는 글에 맞는 글의 구성 방식과 개요 방식을 선택한다.
2. 선정한 주제와 관련하여 수집한 자료에서 검토한 내용을 각 단계에 배치한다.
3. 내용의 긴밀한 연관성을 고려하여 작성한다.
4. 주제와 관련하여 일관된 흐름으로 되어 있는지 점검한다.
5. 여러 번 반복해서 수정하며 개략적인 개요에서 구체적인 내용을 포함한 개요로 작성한다.
6. 자료 검토와 분석 과정에서 변경해야 할 내용을 수정·보완한다.

③ 개요의 유형

개요 작성 방식은 화제 개요와 문장 개요로 나눌 수 있다. 화제 개요는 각 항목을 핵심어구로 나타낸 것이고, 문장 개요는 각 항목을 완전한 문장으로 나타낸 것이다. 화제 개요는 핵심어구로 간단하게 정리되어 글 전체의 내용을 한눈에 파악하기 쉽다. 문장 개요는 구체적인 근거나 대상에 대한 설명이 문장으로 상세하게 기술되어 이해하기 쉽고, 실제 집필 과정에서 시간을 절약할 수 있다.

〈화제 개요의 예〉

주제: 키오스크의 대중화를 위한 대화형 인공지능 키오스크의 설치 방안

1. 키오스크의 설치 증가로 기기 사용의 불편함과 문제점 발생
2. 키오스크 사용의 문제점
   1) 고령자, 장애인 등 접근이 용이하지 않은 소외 계층 발생
   2) 화면정보 제시와 터치 입력 방식의 문제점
3. 대화형 인공지능 키오스크의 개발 및 설치 필요
4. 모든 사람에게 편리한 서비스를 제공하기 위한 대화형 인공지능 키오스크 개발의 필요성 강조

〈문장 개요의 예〉

주제문: 키오스크의 대중화를 위해서는 대화형 인공지능 키오스크 개발이 적극적으로 이루어져야 한다.

1. 키오스크 설치가 증가함에 따라 기기 사용에 따른 문제점이 발생하고 있다.
2. 현재 키오스크는 모든 사람이 동등하고 편리하게 사용할 수 없다.
   1) 키오스크는 고령자, 장애인 등 기기 사용에 어려움을 겪는 사람들에게 사회적 소외감을 느끼게 한다.
   2) 화면을 터치하여 정보를 교환하는 방식은 소통의 불편을 초래한다.
3. 현재 키오스크 문제는 대화형 인공지능 키오스크의 개발 및 설치로 해결할 수 있을 것이다.
4. 모든 사람에게 편리한 서비스를 제공하기 위해 대화형 인공지능 키오스크 개발과 설치가 적극적으로 이루어져야 한다.

학습활동 5

다음 예시문에서 제시된 개요의 문제점을 찾아 수정·보완해 보자.

주제문: 딥페이크는 범죄에 악용될 가능성이 높기 때문에 규제나 제한이 필요하다.

1. 딥러닝 활용 추세
   1) 인공지능 시대의 딥러닝 활용에 따른 딥페이크 발전
   2) 딥페이크의 사용 증가와 범죄
2. 딥페이크가 사회에 미치는 영향
   1) 딥페이크가 우리 사회에 주는 장점
      (1) 얼굴합성을 통해 범죄 검거 몽타주를 좀 더 정확히 확인
      (2) 의료분야에서 얼굴이나 목소리를 합성하여 의료 서비스 확대
   2) 딥페이크가 우리 사회에 주는 단점
      (1) 본인 동의가 없는 악의적인 영상물 유포
      (2) 실제와 가짜 영상의 혼재로 가짜 뉴스 증가
3. 딥페이크는 범죄자 검거 및 의료 서비스 등 많은 이점이 있지만 범죄에 악용될 우려가 있으므로 제한이 필요

학습활동 6

다음은 '개인 정보 유출'이라는 주제로 구상한 내용이다. 구상 내용을 참고하여 주제문을 작성하고, 화제 개요 및 문장 개요를 써 보자.

구상 내용		
구상 내용	1. 비밀번호 주기 변경 2. 무분별한 개인 정보 수집 3. 기업 내부인의 정보 유출 4. 개인 정보 거래의 활성화 5. 전자상거래 피해	6. 통합적 정보 관리 체계의 미비 7. 주민번호 입력의 의무화 8. 아이핀 시스템의 활용 9. 정부 차원의 법률적 처벌 강화 10. 해킹, 악성코드

주제문	
화제 개요	
문장 개요	

학습활동 7

'학습활동 6'에서 작성한 개요 중 하나를 선택해 수정·보완해 보자.

주제문	
1차 개요	
2차 개요 **(수정·보완)**	
주요 참고자료	

2) 집필하기 : 초고 쓰기

개요 작성을 한 후 글을 쓸 준비를 모두 마친 후에는 개요를 토대로 초고 쓰기를 시작한다. 글은 계획하기 단계에서 많은 준비를 하였다 해도 한 번에 쓰기는 쉽지 않다. 개요에 따라 실제 글쓰기를 시작하면 계획한 내용을 변경해야 하는 경우가 발생할 수 있다. 여기서는 집필의 첫 단계인 초고 쓰기에 대해 알아볼 것이다.

일반적으로 글을 쓸 때는 서론, 본론, 결론의 구조를 사용한다. 각 부분에 들어갈 내용과 유의할 점을 알아두면 글의 흐름을 파악할 수 있고 완성도 높은 글을 쓸 수 있다.

(1) 서론 쓰기

서론은 쓰고자 하는 글에 대한 방향을 제시하는 단계이다. 글에서 다룰 주제를 선정한 이유와 주제의 중요성을 소개하고 주제와 관련된 특정 문제나 사건을 제시하는 부분이다. 서론은 본론의 구체적인 내용에 대해 독자가 관심을 가지고 읽을 수 있도록 주의를 집중시키는 역할을 한다. 그러므로 독자가 읽고 싶은 마음을 가질 수 있도록 작성해야 한다.

〈서론 작성 시 유의할 점〉

1. 주제와 관련된 화제, 시사적 사건, 일반적 사례 등을 통해 독자가 글을 쉽게 접하고 관심을 가질 수 있도록 한다.
2. 주제와 관련된 선행 연구나 글이 있다면 간단하게 정리하고 자신의 관점을 밝힌다.
3. 자신의 관점과 관련하여 본론에서 다룰 글의 방법을 제시한다.
4. 본격적인 내용은 본론에서 다룰 것이기 때문에 핵심 내용을 언급하는 정도로 작성한다.
5. 너무 짧거나 길게 쓰지 않도록 주의한다. 전체 분량의 10~15% 정도가 적당하다.

(2) 본론 쓰기

본론은 서론에서 제기한 문제에 대해 분석하고 적합한 진술 방법을 통해 말하고자 하는 바를 구체적으로 증명해 가는 부분이다. 본론은 서론에서 제시한 주제의 중요성과 다루어야 할 내용을 상세히 서술하는 부분으로, 글을 쓰는 목적과 필요성을 독자에게 설득시키는 핵심적인 부분이다. 본론은 글쓰기 유형에 따라 적합한 진술 방법을 선택해야 한다.

〈본론 작성 시 유의할 점〉

1. 주제와 관련된 문제의 원인 분석과 해결방안을 구체적으로 제시한다.
2. '문제점 분석+해결방안'이라는 도식을 항상 따를 필요는 없다.
3. 자신의 주장에 대한 다양한 근거를 제시한다.
4. 주제와 관련된 적합한 사례, 반례 등을 적극적으로 활용한다.
5. 자신의 주장과 반대되는 관점을 논리적으로 반박한다.
6. 주제와 관련된 개념 정의나 분석은 구체적이고 명확하게 제시한다.
7. 본문은 전체 분량의 70% 정도가 적당하다.

다음은 논리적인 글의 본론 부분이다. 이 글은 서론에서 제기한 문제에 대해 합리적인 논거 몇 가지를 활용하여 자신의 주장을 뒷받침하고 있다. 각 문단은 자신의 관점에 대한 논리적 근거로 되어 있으며, 하나의 문단은 하나의 소주제로 구성되어 있다. 다음 예시문을 통해 논리적인 본론 작성 방법을 살펴보자.

매체정보의 건너편

(생략)

전자매체에 의하여 인간의 사회적 성격이 형성된다고 한다면, 그것은 물론 개인의 개인됨이 바뀌는 일로부터 시작한다. SNS 이용자가 어떻게 본래의 자기로부터 다른 자기로 바뀌게 되는가는 쉽게 예시된다. 가령, 페이스북이나 트위터 이용자는 '계량화'에 의하여 자기의 존재감을 확인한다. '친구 수, 팔로워 수, 댓글 수, 좋아요 수, 태그 수' 등을 자기의 존재를 규정하는 지표로 삼게 되는 것이다. 이것은 자기를 객체화하는 것이고 진정한 주체적 존재로서의 자기를 잃어버리는 것이다. 또는 자기 자신을 다른 사람에게 알리고자 할 때에도, 일정한 항목과 양식에 맞는 것만을 메시지에 포함할 수 있다. 이번 강연에서 대상이 된 전자매체가 아니라도 매체에 전달되는 전기적(傳記的) 사실은 대체로 그렇게 제한되어 있다. 이것은 사실 이력서와 같은 것을 쓸 때에도 마찬가지이다. 출신 학교, 관직 등으로 사람에게 상표를 부치는 것도 그러한 객체화의 일부인데, 이러한 주체의 객체적 전환은 관직을 절대적으로 중시했던 한국 사회에 오래 지속되어 온 풍습이라 할 수 있다.

(하략)

김우창, 『경향신문』, 2014. 3. 10

(3) 결론 쓰기

결론은 서론에서 제기한 문제를 환기시킨 후, 본론의 주요 내용을 정리하여 글의 주제를 강조하는 부분이다. 또한 글에서 제시한 주장이나 관점이 갖는 의미와 시사점을 밝히며 글이 가진 의의를 제시하기도 한다. 글에서 다룬 문제와 관련하여 시사점이나 대안을 제시하더라도 본론에서 언급하지 않는 새로운 주장이나 연구 방향을 서술하는 것은 독자에게 큰 혼돈을 줄 수 있으므로 피해야 한다. 결론은 글쓴이의 주장을 요약하고 글을 끝맺는 단계이므로 논의된 문제에 대하여 완결성을 보이는 것이 중요하다.

〈결론 작성 시 유의할 점〉

1. 본론의 핵심 내용을 간략하게 요약한다.
2. 서론에서 제기한 문제를 독자에게 환기시킨다.
3. 글이 가진 의의와 한계를 밝힌다.
4. 문제에 대한 대안이나 향후 기대하는 점을 제시한다.
5. 서론이나 본론에서 제시하지 않은 새로운 주장은 피한다.
6. 당연하고 뻔한 해결책이나 어설픈 대안을 제시하는 것은 피한다.
7. 전체 분량의 10~15% 정도가 적당하며 서론의 분량과 비슷하거나 짧은 것이 좋다.

학습활동 8

'학습활동 7'에서 작성한 개요를 바탕으로 서론을 작성하고, 다른 학우에게 평가를 받아보자.

서론

서론에 대한 평가 (30점)			
글에 대한 관심과 호기심을 유발하고 있는가?			/10
주제 선정의 이유와 중요성이 잘 드러나는가?			/10
앞으로 전개될 글의 방향과 방법 제시가 적합하게 표현되어 있는가?			/10
총점	/30	평가 의견	

3) 퇴고하기 : 고쳐쓰기

집필 과정을 통해 초고가 완성되었다 해도 글은 완전하다고 할 수 없다. 초고를 마치면 글을 검토하고 문제점을 찾아내어 다듬는 과정을 거쳐서 좋은 글이 되도록 해야 한다. 퇴고(推敲)는 글을 쓸 때 여러 번 생각하여 고치고 다듬는 것을 의미한다. 집필에서 글을 마무리한 후 퇴고의 과정을 생략한다면 글의 전체 흐름이나 체계부터 문단, 문장, 어휘 사용 등이 제대로 이루어졌는지를 확인하기 어렵다. 이는 결과적으로 완성도가 낮은 글이 되기 쉽다. 독자의 기대나 글쓴이의 만족도가 떨어지는 경험은 글쓰기에 대한 부담을 주고 자신감을 잃게 할 수 있다. 그러므로 계획하기, 집필하기 단계를 통해 노력했던 과정을 값진 결과물인 완성된 글로 만들기 위해서는 반드시 퇴고의 과정을 거쳐야 한다.

퇴고는 한 번으로 진행하는 것보다 여러 번 나누어서 하는 것이 좋다. 퇴고는 글의 전체에서 부분으로, 큰 단위에서 작은 단위로 좁혀가는 과정으로 진행한다. 다음은 퇴고의 순서와 방법이다.

구분	점검 내용
1차 퇴고 전체 구성의 흐름과 내용 점검	1. 주제가 명료하게 드러나 있는가? 2. 주제와 관련된 문제의식이나 문제 제기가 명확하게 드러나 있는가? 3. 글의 구성 단계에 적합한 내용으로 되어 있는가? 4. 본론에 쓴 예시나 근거가 적절한가? 5. 문제 분석이나 주장에 대한 근거를 적절히 썼는가? 많거나 적은 부분은 없는가? 6. 단락 간의 연결이나 흐름은 자연스러운가? 7. 중복되거나 불필요한 내용은 없는가? 8. 추가로 보완할 내용이나 자료는 없는가? 9. 제목은 적합한가?
2차 퇴고 문장과 단어 등 표현 점검	1. 문장 간의 연결은 자연스러운가? 2. 정확하고 올바른 문장을 사용했는가? 3. 너무 긴 문장으로 되어 있지 않은가? 4. 주어와 서술어 호응이 잘 이루어져 있는가? 5. 우리말로 다듬지 않은 번역 투의 문장은 없는가? 6. 지나치게 반복되는 문장이나 단어는 없는가? 7. 적절한 어휘를 사용하였는가? 8. 그림이나 도표는 바르게 사용되었는가? 9. 인용과 각주 표기에 문제가 없는가? 10. 참고 자료의 출처는 제대로 표기되어 있는가? 11. 맞춤법과 띄어쓰기는 문제가 없는가?
3차 퇴고	오탈자 점검하고 소리 내서 읽어보았는가?

"

2
문단 쓰기와 요약하기

1) 문단 쓰기

(1) 문단의 구성

문단이란 한 가지 통일된 내용을 담고 있는 글의 단위를 뜻한다. 다시 말해 글의 가장 기본적인 구조적 단위이자 드러내고자 하는 생각의 단위이다. 완성된 한 편의 글은 여러 문단으로 구성되며, 각 문단은 서로 밀접한 관련을 맺음으로써 글쓴이의 생각을 온전히 잘 드러내야 한다. 따라서 문단을 적절하게 구분하지 않으면 독자는 글쓴이의 여러 가지 생각들을 체계적으로 이해하기 어렵다. 문단을 구분하는 것은 독자에 대한 기본적인 배려인 셈이다. 그러므로 문단 쓰기의 중요성을 인식하지 못한 채 문단을 전혀 구분하지 않고 전체 글을 한 문단으로 쓰거나 모든 문장을 독립된 문단으로 쓰면 글의 내용이 온전히 전달되지 않는다. 문단을 제대로 쓰지 못하면 글 전체의 짜임새와 응집력이 떨어진다.

다음 예시글은 문단 구분을 하지 않은 학생의 글이다. 동일한 글을 문단 구분했을 때 전달력에 있어 어떤 차이가 있는지 살펴보자.

예시 1

대학 입시의 현실

나는 대학 입시에 실패했다. 원하는 대학에 진학하지 못했다. 19살에는 공부한 것에 비해 시험을 잘 봤다. 재수하면 잘할 수 있겠다고 생각했다. 하지만, 이 생각은 너무 어리석었고 재수를 했음에도 성적은 크게 나아지지 않았다. 내가 재수를 시작할 때 믿고 싶지 않았던 대부분은 재수해도 실패한다는 말이 사실이었다. 고3 재수에 실패하면서 느낀 점들이 있고 오늘은 그것들에 대해 이야기하고자 한다. 첫 번째로 내가 느낀 것은 사람은 쉽게 변하지 않는다는 것이었다. 나는 고등학교 3학년 때는 공부를 한다는 핑계로 학교에서 조퇴하고 친구들과 스터디 카페를 가서 대충 공부하고 밖에서 놀곤 했다. 논술을 6개 써서 무조건 붙는다는 어리석은 생각으로 시간을 낭비한 것이다. 재수하기 전에 봤던 영상에서 한 강사가 90퍼센트의 평범한 학생들은 재수해도 성적이 크게 나아지지 않고 실패한다고 말했다. 나는 저 영상을 보고 나는 10퍼센트의 특별한 인간이고 그런 사람이 될 것이라고 다짐했다. 그리고 재수를 결심하면서 나는 내가 엄청 열심히 할 것으로 생각했지만 사람은 변하지 않았다. 물론 공부를 열심히 했지만, 수능이라는 장기 레이스에 필요한 꾸준함을 가지지 못했다. '아직 많이 남았으니까 오늘 하루 정도는 괜찮겠지'라는 안일한 생각으로 날린 시간이 지금 생각해 보면 너무 크고 아깝다. 두 번째로 느낀 것은 세상이 호락호락하지 않다는 것이다. 사람들은 보통 자신이 투자한 인풋에 비해 훨씬 큰 아웃풋을 얻기를 바란다. 하지만 이런 일은 거의 일어나지 않는다는 것을 수능을 두 번 보면서 알게 됐다. 첫 수능 때 수학 기출을 한 번씩만 풀고 2등급을 받고 영어도 2등급을 받았다. 이 결과를 보면서 이정도 밖에 안 했는데 이 성적이면 좀만 열심히 하면 성적을 많이 올릴 수 있겠다고 생각했다. 이런 생각을 가지고 정말 열심히 할 사람도 있겠지만 이런 생각이 나에겐 독이 됐다. 항상 공부하면서 '이 정도면 되겠지'라는 생각을 했다. 하지만 수능이라는 시험은 어느 정도만 해서 되는 게 아니라 자기가 할 수 있는 최선을 다해야 좋은 성적을 받을 수 있는 시험이었던 것이고 세상을 살면서 내가 마주치는 어려운 문제들은 대부분 이렇다. 대충해서 잘할 수 있는 것들은 별로 없다. 이 글에서 이야기한 내용을 요약하자면 사람은 쉽게 변하지 않고 세상은 대충해서 내가 원하는 것을 이룰 수 있을 만큼 호락호락하지 않기 때문에 대충할 거면 시작하지 않는 게 낫다는 것이다. 내가 삼수하던 편입을 하던 여기서 졸업하던 내가 대학 입시라는 하나의 관문에서 얻은 가르침들을 명심하면서 나에게 가장 좋은 결정을 내려야겠고 그 결정에는 후회가 없으면 좋겠다.

– 학생 글

예시 2

대학 입시의 현실

나는 대학 입시에 실패했다. 원하는 대학에 진학하지 못했다. 19살에는 공부한 것에 비해 시험을 잘 봤다. 그래서 재수하면 잘할 수 있겠다고 생각했다. 하지만 이 생각은 너무 어리석었다. 재수를 했음에도 성적은 크게 나아지지 않았다. 내가 재수를 시작할 때 믿고 싶지 않았던 것은 "재수해도 실패한다"라는 말이었다. 이 글에서는 고3 입시와 재수에 실패하면서 느낀 점들에 대해 이야기하고자 한다.

첫 번째로 내가 느낀 것은 사람은 쉽게 변하지 않는다는 것이다. 나는 고등학교 3학년 때는 공부를 한다는 핑계로 학교에서 조퇴하고 친구들과 스터디 카페에 가서 대충 공부하고 밖에서 놀곤 했다. 논술을 6개 쓰면 무조건 붙을 수 있을 거라는 어리석은 생각으로 시간을 낭비한 것이다. 재수하기 전에 한 강사가 90퍼센트의 평범한 학생들은 재수해도 성적이 크게 나아지지 않고 실패한다고 말한 영상을 보았다. 그 영상을 보면서 나는 10퍼센트의 특별한 인간이고, 그런 사람이 될 것이라고 다짐했다. 그리고 재수를 결심하면서 나는 내가 대단히 열심히 할 것으로 생각했지만 사람은 변하지 않았다. 물론 공부를 열심히 했지만, 수능이라는 장기 레이스에 필요한 꾸준함을 가지지 못했다. '시험까지 아직 많이 남았으니까 오늘 하루 정도는 괜찮겠지'라는 안일한 생각으로 버린 시간이 지금 생각해 보면 너무 많고 아깝다.

두 번째로 느낀 것은 세상이 호락호락하지 않다는 것이다. 사람들은 보통 자신이 투자한 인풋에 비해 훨씬 큰 아웃풋을 얻기를 바란다. 하지만 수능을 두 번 보면서 이런 일은 거의 일어나지 않는다는 것을 알게 됐다. 첫 수능 때 수학 기출을 한 번씩만 풀고도 2등급을 받았고, 영어도 2등급을 받았다. 이 결과를 보면서 이 정도밖에 안 했는데 이 성적이면 조금 더 열심히 하면 성적을 많이 올릴 수 있겠다고 생각했다. 이런 생각을 가지고 정말 열심히 할 사람도 있겠지만 이런 생각이 나에겐 독이 됐다. 항상 공부하면서 '이 정도면 되겠지'라고 생각한 것이다. 하지만 수능이라는 시험은 어느 정도만 해서 되는 게 아니라 자기가 할 수 있는 최선을 다해야 좋은 성적을 받을 수 있는 시험이었고, 세상을 살면서 내가 마주치는 어려운 문제들 역시 그러했다. 대충해서 잘할 수 있는 것들은 별로 없다.

이 글에서 이야기한 내용을 요약하자면, 사람은 쉽게 변하지 않고 세상은 대충해도 원하는 것을 이룰 수 있을 만큼 호락호락하지 않기 때문에 대충할 거면 시작하지 않는 게 낫다는 것이다. 삼수를 하든 편입을 하든 선택한 대학에서 졸업을 하든 내가 대학 입시라는 하나의 관문에서 얻은 가르침들을 명심한다면 나에게 가장 좋은 결정을 내릴 수 있을 것이고, 그 결정에는 후회가 없을 것이다.

- 학생 글(일부 수정)

예시글 1, 2에서 알 수 있듯, 문단 구분 여부에 따라 글의 가독성은 크게 달라진다. 문단을 전혀 구분하지 않은 글은 편안하게 읽을 수 없고, 글의 체계를 시각적으로 드러내지 못하기 때문에 내용 파악이 어렵다. 문단의 첫 단어를 들여쓰기 하는 것도 이 때문이다. 따라서 적절하게 문단을 구분해야 독자는 글의 중심 생각을 보다 명확하게 이해할 수 있고, 글을 쓰는 사람은 해당 문단에서 중점적으로 다루어야 하는 내용을 명확하게 표현할 수 있다. 정확하고 적절한 문단 쓰기를 통해 머릿속에 배열되어 있는 구상이 실제 글로 구현될 수 있는 것이다. 즉 논리 전개의 순서에 따라 문단을 만들어야 독자가 내용의 체계와 흐름을 쉽게 파악할 수 있다. 또, 양쪽 정렬로 문단을 편집해야 안정감 있게 읽을 수 있다.

한 편의 글은 다음과 같이 여러 개의 문단으로 이루어진다. 이때 각각의 문단은 '소주제문'과 이를 뒷받침하는 '뒷받침문장'으로 구성된다. 하나의 소주제문에 뒷받침문장이 4~8개 이어질 때 문단 길이가 적당한데, 이는 띄어쓰기를 포함하여 250자에서 300자 정도의 분량에 해당한다. 문단의 길이가 적당해야 독자의 이해가 수월해진다.

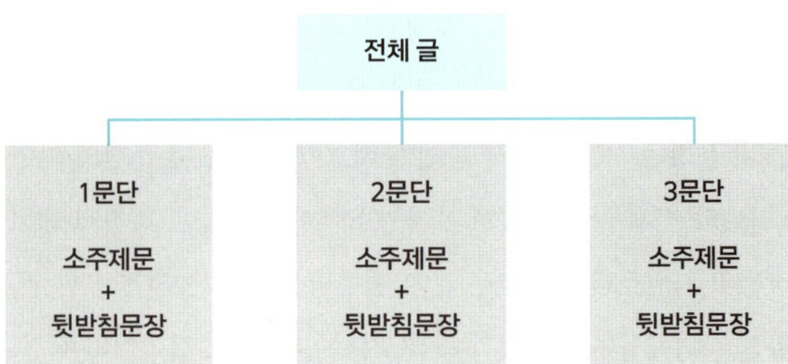

〈문단의 구성〉

소주제문은 앞서 밝혔듯이 반드시 한 가지 중심 내용을 담아야 한다. 한 문단에 두 가지 중심 내용을 담고 있다면 각각의 소주제에 따라 문단을 구분하는 게 좋다. 뒷받침문장은 소주제문을 논증하거나 설명하기 위한 문장으로, 독자가 소주제문의 중심 내용을 이해하도록 돕는 역할을 한다. 따라서 소주제문과 관련 없는 뒷받침문장은 쓰지 않도록 주의해야 한다.

(2) 문단의 요건

한 편의 글은 문단마다 담겨 있는 글쓴이의 중심 생각들이 서로 밀접한 연관을 맺고 구성되어야 한다. 따라서 문단을 어떻게 쓰고, 각 문단을 어떻게 배열하여 연결하느냐 하는 것은 글쓰기에서 매우 중요한 문제다. 문단을 적절히 나누고 연결시킬 수 있을 때 글의 전체 짜임새는 물론, 글쓴이의 생각을 효과적으로 전달할 수 있다. 즉 좋은 문단은 통일성, 긴밀성(일관성), 완결성을 갖추어야 한다.

문단의 통일성은 모든 뒷받침문장이 중심 생각인 소주제와 관련된 내용으로 서술되어야 한다는 것이다. 소주제와 관련이 없는 문장을 쓰면 일관성 있는 논지 전개를 어렵게 한다. 다양한 생각들을 한 문단에 모두 담으려 하거나 버리기 아쉬운 자료들을 제시하고 싶어 소주제와 관련 없는 문장을 써서 문단의 통일성을 해치지 않도록 주의해야 한다. 소주제는 관련된 내용의 뒷받침문장들에 의해 명료하게 드러나야 하고, 그럴 때 글쓴이의 생각이 집약되어 전달된다.

문단의 긴밀성은 문단을 구성하는 문장들이 논리적이고 긴밀하게 연결되어야 한다는 것이다. 잘 쓰인 문단에서는 문장과 문장이 자연스럽게 연결되며 의미의 연속성이 유지된다. 문장들 사이의 연결 관계가 매끄럽지 않을 때 문단의 의미는 일관성을 잃을 뿐 아니라 전체 글의 흐름도 부자연스럽게 전개된다. 다시 말해 소주제문과 뒷받침 문장들의 자연스러운 연결은 글의 설득력을 높이는 데 중요한 관건이 된다. 내용의 긴밀성을 위해서는 핵심어의 반복, 지시어의 사용, 접속어의 적절한 사용 등을 효과적으로 활용할 수 있고, 문단 내 문장의 순서를 다듬을 수 있다.

문단의 완결성은 한 문단에서 소주제가 그 자체로 완결되어야 한다는 것이다. 문단이란 글쓴이가 글을 쓰는 과정에서 드러내고자 하는 중심 생각이 바뀔 때마다 새롭게 설정되므로, 하나의 중심 생각인 소주제를 한 문단에서 충분히 다룬 후 소주제가 전환될 때 문단을 새롭게 구성하여 연결하도록 해야 한다.

문단의 요건을 정리하면 다음과 같다.

통일성	한 문단의 소주제는 하나이고, 이를 뒷받침하는 문장들은 소주제문에 관한 내용으로 통일되어야 한다.
긴밀성	한 문단 안에서 문장들은 서로 긴밀하게 연결되어야 한다.
완결성	하나의 소주제가 한 문단 안에서 그 자체로 완결되어야 한다.

〈문단의 요건〉

문단은 들여쓰기로 구분한다. 띄어쓰기가 어절과 어절을 구분하고 문장부호가 문장과 문장을 구분해 주는 것처럼 들여쓰기는 문단과 문단을 구분해 준다. 들여쓰기란 새로운 문단이 시작될 때 줄을 바꿔서 한 글자 크기만큼 공간을 비우고 첫 단어를 시작하는 것을 말한다. 문단을 구분할 때 한 줄을 비우지 않도록 주의한다.

(3) 문단의 유형

문단은 소주제문의 위치에 따라 두괄식, 미괄식, 중괄식, 양괄식 등으로 구성할 수 있다. 소주제문이 문단의 서두에 오면 두괄식, 문단의 끝에 오면 미괄식, 가운데 오면 중괄식, 처음과 끝에 오면 양괄식이라고 한다. 글의 내용을 효과적으로 전달하기 위해 소주제문의 위치를 적절하게 선택하도록 한다. 일반적으로 두괄식으로 쓰는 것이 주제 전달에 가장 효과적이다.

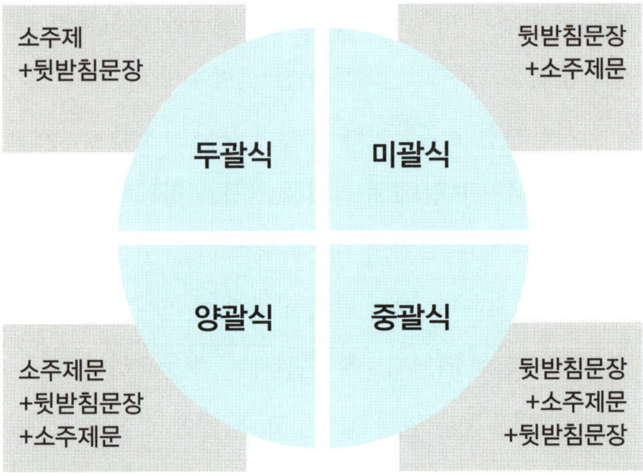

〈문단의 유형〉

① 두괄식 문단

두괄식 문단은 중심 생각을 맨 앞에 내세움으로써 글쓴이의 생각을 처음부터 명료하게 밝히는 장점이 있다. 두괄식으로 문단을 구성하면 독자가 문단의 첫 문장 또는 두 번째 문장만 읽어도 문단의 핵심 내용을 파악할 수 있고, 글쓴이는 자신이 말하고자 하는 바를 분명히 한 채 그 이하의 내용을 서술할 수 있다. 글을 쓰는 데 익숙하지 않은 사람은 두괄식으로 문단을 구성하는 것이 좋다.

> 인간의 인지는 본질적으로 스토리적이다. 사람들이 생각하고 말하고 행동하는 일련의 과정은 기저에 스토리가 작용하며 그리하여 현상적으로도 스토리적으로 실현된다. 인간의 인지가 스토리 형태로 이루어진다는 사실은 여러 인지과학자가 거듭 강조한 바 있다. 브루너J.Bruner는 서사적으로 작동하는 인간의 마음에 주목하면서 인간이 이야기적 사고 양식을 통해 자신의 경험과 기억을 구성한다고 했으며, 터너M.Turner는 그의 저서『문학적 마음』서문에서 인지과학의 중심 문제가 '문학적 마음'의 문제라고 하면서 스토리가 마음의 기본 원리라고 천명한 바 있다.
>
> – 신동흔,『스토리텔링 원론』(아카넷, 2018) 중에서

② 미괄식 문단

두괄식과는 반대로 문단의 마무리 부분에 소주제문을 제시하는 유형을 미괄식이라고 한다. 미괄식 문단은 자신의 견해를 다른 사람에게 차근차근 설명하여 이해시킬 필요가 있을 때 사용하면 효과적이다. 미괄식 문단은 소주제문에 대한 충분한 근거나 설명이 먼저 제시되기 때문에 문단의 논리성을 강화하는 데 효과가 있다. 또, 소주제문은 그 앞에 있는 모든 문장의 내용을 집약하는 구실을 하기 때문에 문단의 끝까지 독자의 관심을 계속 끌고 가는 장점이 있다. 따라서 충분히 근거를 제시하여 문단의 소주제로 자연스럽게 귀결되도록 구성하는 게 중요하다.

다음 글은 구체적인 내용들을 먼저 제시하고 맨 끝에 자신의 견해를 제시한 미괄식 유형의 예시글이다.

의사소통이 중요성은 대인관계나 조직 생활의 여러 분야에서 강조되고 있다. 업무 환경에서는 명확한 의사소통이 팀원 간 협력을 증진시키고, 오해를 줄이며, 생산성을 높이는 데 기여한다. 또한 가족이나 친구와의 관계에서도 진솔한 대화는 신뢰를 쌓고 갈등을 해결하는 데 필수적이다. 반대로 의사소통이 부족하면 불필요한 갈등이 발생하고 관계가 악화될 수 있다. 따라서 의사소통은 성공적인 인간관계와 조직 운영을 위한 가장 중요한 요소 중 하나이다.

③ 중괄식 문단

대개 문단은 두괄식이나 미괄식으로 구성되지만 때로는 소주제문을 문단 중간에 위치시키는 변형을 줄 수도 있는데, 이를 중괄식이라고 한다. 중괄식은 독자에게 다소 낯선 개념이나 소재에 대해 전달할 때 효과적으로 활용할 수 있고, 두괄식, 미괄식 형식이 반복되는 단조로움에서 벗어나 독자에게 글을 읽는 재미를 줄 수 있다는 장점이 있다. 하지만 독자가 중심 문장을 놓칠 우려가 있으므로 소주제문과 뒷받침 문장들을 매끄럽고 유기적으로 연결해야 한다.

시를 읽다 보면 일상적인 표현을 넘어서는 함축적이고 독창적인 언어를 접하게 된다. 이를 통해서 우리는 언어 감각을 키우고, 다양한 표현 방식을 익히며, 새로운 어휘를 배우게 된다. 시를 읽을 때 우리는 '이 단어를 이렇게 활용할 수도 있구나', '나는 이런 문장에 공감하는구나' 하면서 시어에 반응하고, 나 자신의 언어 감각을 돌아보게 된다. 이처럼 시 읽기는 우리의 언어생활에 깊이와 풍부함을 더하는 중요한 활동이라 할 수 있다. 즉 시를 통해 언어생활을 돌아보고, 일상의 언어를 새롭게 감각하며, 언어를 통해 나를 발견하는 것이다. 또, 시는 은유나 상징 같은 수사법을 통해 우리의 표현력을 확장시킨다. 단 한 마디의 시어와 짧은 시구가 마음속에 남아 나의 감정과 정서 등을 대변하는 듯한 체험을 해볼 수도 있다.

④ 양괄식 문단

양괄식 문단은 소주제문을 문단의 처음과 뒤에 제시함으로써 주장을 강조하고자 할 때 활용된다. 양괄식 문단은 두괄식과 미괄식의 장점을 모두 가질 수 있는 장점이 있지만 동일한 내용이 반복되어 독자가 식상하다고 생각할 수 있다는 단점 또한 있다. 따라서 한 문단 안에 쓰인 두 개의 소주제문이 그 내용은 같지만 구체적인 표현은 달라야 한다는 점에 유의해야 한다.

> 한국의 도깨비는 다양한 성격을 보여준다는 특징이 있다. 우리는 흔히 도깨비라고 하면 뿔이 나고 원시인 복장을 하고 있으며, 쇠몽둥이를 들고 있는 모습을 떠올린다. 동화책에 실린 도깨비의 모습도 대체로 이와 다르지 않다. 하지만 이는 일본 도깨비 '오니'의 모습이다. 일본 도깨비 '오니'는 뿔이 달린 거대한 인간형 요괴이다. 커다란 몽둥이를 들고 있어 공포의 대상이며, 인간에게 해를 끼치거나 재앙을 주는 악한 존재이다. 그런데 한국의 도깨비는 인간을 도와주기도 하고 괴롭히기도 한다. 인간을 도와줄 때는 대개 물질적인 부를 이루게 해주고, 괴롭힐 때는 역신으로 나타나 돌림병을 가져다준다. 이처럼 한국의 도깨비는 무섭기도 하고 무섭지 않기도 한 이중적 속성을 지닌다. 선악의 이분법으로 단정 짓기 어렵고 인간과 다양한 방식으로 관련을 맺으며 때로는 뛰어난 능력을 보여주고 때로는 어리석은 속성을 드러낸다. 따라서 한국 도깨비의 특징은 다양하고 복합적인 성격을 지닌다는 점이다.

(4) 문단의 연결

각 문단들은 서로 유기적인 연관성을 맺으면서 한 편의 완성된 글을 이룬다. 아무리 개별 문단이 잘 쓰였다 하더라도 각 문단 사이의 논리적 연결이 매끄럽지 못하면 전체 글의 짜임새가 엉성해지고 글쓴이의 생각이 정확히 전달되지 못한다. 문단 간 긴밀한 연결을 위해서는 다음과 같은 방법을 활용할 수 있다.

① 접속어의 적절한 사용

문단을 연결할 때는 문단 사이의 논리적 관계를 형성시켜 주는 접속어의 적절한 사용을 우선 고려해야 한다. 물론 접속어는 문단과 문단 사이의 연결뿐 아니라 문장과 문장 사이의 연결에도 중요한 역할을 담당한다. 이러한 접속어의 적절한 사용은 글의 논리성을 높여준다는 점에서 중요하다.

② 문단 사이의 내적 연결

접속어를 사용하지 않고 문단 사이를 내적 연결 관계에 따라 자연스럽게 연결시킬 수도 있다. 이 경우 개별 문단의 의미를 정확히 드러내고, 연결 문단과 맺는 연관성을 분명히 해야 한다. 예를 들어, 문단 간의 의미가 '원인과 결과', '주장과 근거', '과제와 해결' 중 어떤 관계로 연결되어야 하는지 유념해야 한다.

학습활동 1

다음 예시글은 여섯 문단으로 이루어져 있다. 다음 글을 읽고 질문에 답해 보자.

푸드 포르노 때문에 뭔가 걱정해야 할 일이 있을까? 아니면 그저 찻잔 속의 태풍으로 여기면 그만일까? (또는 그저 트위터의 트윗거리일 뿐일까?) 왜 맛있는 미식 포르노의 이미지에 탐닉하면 안 되는 걸까? 해로울 것도 없지 않나? 음식 이미지는 아무런 칼로리도 지니지 않는데? 음, 그런데 가스트로피지스트들은 여러 문제점을 밝혀냈다. 나는 이런 문제점을 무시하면 안 된다고 생각한다.

첫째, 1) ______________________________. 먹음직스러워 보이는 음식 이미지를 보면 식욕이 생긴다. 어떤 연구에 따르면 팬케이크, 와플, 햄버거, 달걀 등을 보여주는 단 7분짜리 레스토랑 리뷰가 배고픔 지수를 높였다고 한다. 한동안 굶은 사람만이 아니라 방금 식사를 마친 사람도. 이탈리아 연구자들은 이렇게 적었다. "단지 배가 고파서만 먹는 것이 아니라 음식을 보기만 해도 먹게 된다. 식욕을 돋우는 음식을 보는 것만으로도 음식에 대한 탐닉과 먹는 행위를 일으킬 수 있다."

둘째, 푸드 포르노는 건강에 좋지 않은 음식을 퍼뜨린다. 텔레비전에 나오는 나이젤라 로슨의 맛있어 보이는 케이크 가운데 어떤 것은 7000칼로리가 넘는다. 사실 최고 셰프들이 텔레비전에서 소개하는 다수의 레시피는 믿을 수 없을 만큼 칼로리가 높거나 건강에 좋지 않다(셰프가 언론에 내놓는 건강한 식습관에 대한 선언에도 불구하고 말이다). 사실 텔레비전에 나오는 셰프들의 레시피를 체계적으로 분석해 보면 세계보건기구의 권고안에 비해 지방, 특히 포화지방의 함량이 아주 높고 나트륨 함량도 높다는 것을 알 수 있다. 이는 자신들의 우상을 따라 음식을 만드는 텔레비전 시청자들만의 문제가 아니다. (놀랍게도 요리 프로그램에 나온 음식을 만들어보는 사람은 별로 없다. 음식에 관심이 많은 2000명을 대상으로 조사한 결과 요리 프로그램에 소개된 음식 가운데 하나라도 만들어본 사람은 절반도 되지 않았다.) 오히려 문제는 텔레비전에 나오는 음식의 양이 가정이나 식당에서 먹어야 할 기준이 된다는 점이다.

셋째, 푸드 포르노를 볼수록 체질량지수가 높아진다. 둘의 연관 관계는 인과 관계가 아니라 상관관계에 불과하지만 어쨌든 음식 프로그램을 많이 시청한 사람일수록 체질량지수가 높다는 사실은 놀랍다. 이런 사람들은 음식 프로그램만이 아니라 텔레비전 자체를 많이 시청할 것이다. 실제로 '카우치 포테이토(안락한 의자에 앉아 감자칩을 먹는다는 뜻으로, 움직이지 않고 텔레비전 앞에만 앉아 있는 사람을 의미)'라는 말은 '푸드 포르노'라는 말보다 오래 회자돼 왔다. 가스트로피직스[1]의 관점에서 핵심 질문은 이것이다. 음식이 나오는 프로그램을 시청한 사람이 음식이 나오지 않는 프로그램을 시청한 사람보다 체질량지수가 높을까. 음식 광고가 소비에 영향을 미치는 것을 보면 음식 프로그램도 확실히 영향을 미칠 것으로 보인다. 특히 어린아이들에게는 더욱 그렇다.

넷째, 푸드 포르노는 정신을 황폐화시킨다. 2) ________________________________

____

____

____

____

____

____________________ 우리(또는 우리 뇌)는 먹고 싶은 유혹과 싸워야 한다.

최근 기차역에 있는 세 개의 가게에서 실험해 본 결과 과자보다 과일을 계산대 근처에 두는 것만으로도 사람들은 더 건강한 음식을 선택했다. 보통은 과자를 선택해야 하지만 말이다. 실제로 과일이나 뮤즐리바를 사기 쉽게 했기 때문에 가능한 일이었다. 하지만 안타까운 결과도 있다. 사람들이 감자칩, 쿠키, 초콜릿 같은 간식'도' 계속 구입한 것이다. 다시 말해 사람들이 먹는 양을 줄이기 위한 방해 전략이 결과적으로는 더 많은 칼로리를 섭취하게 했던 것이다(가게에서 구입한 것을 모두 먹었다는 가정에서다)!

–찰스 스펜스 지음, 윤신영 옮김, 『왜 맛있을까』 (어크로스, 2018) 중에서

1 '요리학(gastronomy)'과 '정신물리학(psychophysics)을 합친 것. 음식의 과학이라는 뜻. 영국 옥스퍼드대학교 정신물리학자 찰스 스펜스 교수(저자)가 심리학, 인지과학, 뇌과학, 마케팅, 디자인을 융합해 창조한 지식 분야.

1) 두 번째 문단의 뒷받침문장을 읽고 적합한 소주제문을 작성해 보자.

2) 다섯 번째 문단의 소주제문에 대한 뒷받침문장을 4~5개 작성해 보자.

학습활동 2

다음 글을 읽고 질문에 답해 보자.

① 빌런(Villain)은 스토리텔링에서 갈등을 창출하고 주인공의 성장을 돕는 핵심적인 역할을 한다. ② 빌런은 단순히 악역으로서 존재하는 것이 아니라 이야기의 긴장감을 높이고, 주인공과의 대립을 통해 플롯을 전개시키는 공력을 제공한다. ③ 강력한 빌런은 주인공의 결함을 드러내고, 이를 극복하도록 도전 과제를 제시함으로써 캐릭터의 깊이를 더한다. ④ 빌런의 동기와 행동은 이야기의 주제를 강조하거나 도덕적 질문을 던지는 역할을 하기도 한다. ⑤ 빌런은 단순한 악역을 넘어, 스토리를 풍성하게 만들고 관객의 몰입을 이끄는 데 필수적인 존재이다. ⑥ 특히 대다수의 빌런은 어린 시절의 콤플렉스나 불우한 가정환경에서 비롯되는 경우가 많아 유년 시절의 원한을 복수하고자 악행을 일삼기 때문에 죄의식이나 도덕의식이 없는 경우가 많다.

1) 위 문단에서 소주제문은?

2) 위 문단의 통일성을 깨는 문장은?

2) 글의 진술방식

일이나 상황에 대해 자세히 이야기하는 것을 '진술'이라고 한다. 글쓰기에서 진술 방식은 글을 쓰는 방식을 말하며, 이때 진술은 서술이나 기술과 같은 의미이다. 진술 방식은 대상을 다루는 방식에 따라 크게 설명, 논증, 서사, 묘사로 나눈다. 학술적인 글과 실용적인 글쓰기를 비중 있게 다루고 있는 대학 글쓰기에서는 설명과 논증 방식이 주로 사용된다.

(1) 설명

설명은 독자에게 대상에 대한 이해를 심화하기 위한 진술 방식이다. 용어나 개념의 의미, 사물의 속성이나 특징, 현상이나 사건의 원인이나 결과, 의의 등을 알기 쉽게 풀이하여 독자에게 유익한 정보를 제공한다. 설명 방식은 지식이나 정보의 전달을 목적으로 하는 교과서와 교재, 각종 사전류뿐 아니라 제품 사용 설명서나 관광 안내문 등 일상생활에 필요한 지침을 전달하는 글에서도 사용된다. 또한 보고서나 논문, 비평문 등과 같은 글에서도 설명은 중요하게 사용된다. 이처럼 어떤 사실이나 지식 혹은 정보 등을 전달한다는 점에서 설명은 학술적 영역에서뿐 아니라 일상생활에서도 광범위하게 활용되는 글쓰기 양식이다.

설명은 정확한 정보와 사실, 지식을 근거로 전달해야 하며, 주관적인 의견이나 주장, 판단 등을 기반으로 해서는 안 된다. 즉 사실성을 기반으로 객관성을 확보할 수 있도록 기술되어야 한다. 이를 위해서는 신뢰할 수 있는 자료를 충분히 확보하는 게 중요하다.

나아가 설명의 궁극적인 목적은 독자의 이해를 돕기 위한 것이므로 독자층에 대한 고려가 필요하다. 설명의 내용을 전문가를 대상으로 전달할 때와 대중을 대상으로 할 때 설명 방식은 달라져야 한다. 설명에서는 정보의 내용도 중요하지만 전달 방법도 중요하다. 이에 대해 알아보자.

① 정의

정의는 설명하고자 하는 개념이나 대상의 의미를 분명하게 밝힘으로써 그것의 속성을 규정하는 방법이다. 어떤 글에서 핵심이 되는 용어나 개념에 대한 정의는 그 글을 이해하는 출발점이 된다. 정의는 일종의 약속인데, 하나의 개념이나 대상에 대한 정의는 관점에 따라 여러 가지가 있을 수 있기 때문에 자신이 사용하는 용어의 의미를 명확히 밝히고 글을 전개해야 불필요한 개념의 혼동을 피할 수 있다. 따라서 정의는 글의 앞부분에서 우선적으로 사용하는 게 효과적이고, 사전이나 교재, 논문 등 객관적으로 입증된 자료에 근거해야 한다.

> 귀신은 한자 귀(鬼)와 신(神)을 합쳐 만든 한자어이다. 그래서 귀신이라는 관념의 기원을 탐색하고자 할 때는 한자 귀와 신을 각각 떼서 그 뜻을 풀이하기도 하고, 합쳐서 한 단어로 묶어 그 뜻을 풀이하기도 한다. 귀와 신은 따로 써도 각각의 의미를 지닌 글자들이다. 하지만 이 두 글자를 합쳐서 귀신이라는 하나의 단어로 사용하는 경우가 이보다는 더 많았던 것 같다. 그리고 이렇게 만들어진 한자어 귀신은 신이하거나 괴이한 속성과 힘을 지닌 초자연적 존재를 폭넓게 지칭하는 용어로 널리 쓰였다.
>
> – 강상순, 『귀신과 괴물』(소명출판, 2017) 중에서

② 예시

예시는 사례를 통해 설명하는 방식으로, 추상적인 내용을 구체화하여 쉽게 이해시키는 데 유용하다. 설명의 대상에 따라 정의 등 개념만으로는 이해하기 어려운 경우가 있는데, 이때 예시의 방법을 활용하면 독자의 이해를 도울 수 있다.

예시로 활용되는 사례는 독자가 잘 알 수 있는 구체적인 것이어야 하고, 지나치게 특수하거나 지엽적인 것은 피한다. 또, 설문조사나 통계 자료의 구체적인 수치를 활용하면 설명의 객관성을 높이는 데 효과적이다. 이때 도표나 그래프를 제시하는 것으로 끝내서는 안 되고 반드시 제시한 자료가 무엇을 의미하는지 글로 풀어서 설명해 주어야 한다.

K콘텐츠의 여러 가지 미덕 중 하나로 로컬리즘 공간을 효과적으로 활용한다는 점이 있다. 궁궐, 기차, 대단지 아파트, 낡은 빌라, 주유소, 뒷골목, 재개발 장소, 학교, 군대, 법정, 시위 현장, 전통 시장, 시골 마을 등을 통해 한국적인 시각적 풍경 안에 인물들을 가져다 놓아서, 외국 콘텐츠에서는 좀처럼 볼 수 없는 공간 미학을 그려낸다.

– 이현경 외 2인, 『K콘텐츠 코드』 (미다스북스, 2023) 중에서

③ 비교와 대조

비교와 대조는 두 대상이 지닌 속성을 견주어 밝히는 설명 방식이다. '비교'는 대상을 설명하기 위해 사물을 견주며 공통점을 중심으로 이야기하는 방법이고, '대조'는 서로 반대되거나 달라서 대비되는 차별성을 중심으로 서술하는 방법이다. 다시 말해 대상 사이의 유사성에 주목하면 비교, 차이점에 주목하면 대조라고 한다. 이렇게 함으로써 두 대상에 대해 명확하게 설명할 수 있게 된다.

〈비교〉

뮤지컬과 오페라는 음악과 이야기를 결합한 공연 예술이라는 공통점이 있다. 먼저 뮤지컬과 오페라에서는 등장인물이 노래를 통해 자신의 감정과 생각을 표현하는 등 음악이 이야기 전달에 핵심적인 역할을 한다. 다음으로, 두 공연은 대부분 라이브로 진행되며, 공연장에서 조명, 무대 미술, 의상 등이 스토리와 장면의 분위기를 뒷받침한다. 마지막으로 두 장르는 작곡가, 작사가, 연출가, 배우 등 다양한 예술가의 협업으로 완성된다. 이처럼 뮤지컬과 오페라는 각각의 매력을 가지면서도 음악과 극의 조화를 이루어 관객에게 재미와 감동을 준다는 점에서 공통된 특징이 있다.

〈대조〉

경제 체계로서의 자본주의는 잉여가치, 즉 이윤 축적을 목적으로 하는 상품의 생산과 교환을 포함하며, 그 이윤의 일부를 미래의 축적 조건을 유지하기 위해 재투자한다. 하지만 이 같은 기술적 정의를 넘어서, 자본주의는 하나의 문화적 심성 체계로 특징지어지며, 그러한 심성 체계를 통해 교환관계, 즉 사고파는 관계가 사회의 대부분에 침투되었다. 자본주의에서는 두 당사자가 노골적으로 자기 이익과 상호 간의 경제적 이익에 기초하여 서로 결합하며, 거래는 대차대조표의 '맨 밑줄'에 자신들의 결과를 계산함으로써 정당화된다. 이와는 대조적으로 낭만적 사랑에서는 두 개인이 자발적으로 그리고 공감적으로 성애적 관계를 실현하는 능력에 의해 서로 결합한다. 낭만적 사랑에서 우리가 사랑하고 하나가 되었다고 느끼는 사람은 유일하고 대체할 수 없다. 게다가 사랑은 세상에서 가장 중요한 것이고, 다른 모든 고려 사항들, 특히 물질적 조건은 사랑을 위해 희생되어야 한다.

– 에바 일루즈, 박형신·권오헌 역, 『낭만적 유토피아 소비하기』(이학사, 2014) 중에서

④ 분류와 구분

분류는 복잡한 대상을 같은 종류끼리 묶어 설명하는 방식이고, 구분은 여러 대상을 일정한 기준 또는 원리에 따라 나누어 설명하는 방식이다. 이때 주의할 점은 기준이 명확해야 하며 여러 기준을 섞어 쓰면 안 된다는 것이다. 글의 내용을 설명하기에 가장 적합한 기준을 선택하여 일관되게 적용하는 것이 중요하다.

〈분류〉

청년 실업의 원인은 경제 구조적, 사회적, 문화적 원인으로 나누어 볼 수 있다. 청년 실업의 경제 구조적 원인으로는 산업 구조의 변화, 경기 침체, 중소기업과 대기업 간 격차 심화를 들 수 있고, 사회적 원인으로는 정규직 중심의 고용 문화, 기업의 경력직 위주 채용 경향 등을 들 수 있다. 이와 더불어 높은 학력과 과도한 스펙 쌓기로 취업 준비 기간이 늘어난 점이나 연봉, 복지 등에 대한 청년들의 기준이 높아진 점과 같은 문화적 요인도 청년 실업 문제의 원인이라고 할 수 있다.

〈구분〉

문학 장르론에서는 대체로 서정, 서사, 극, 교술 장르를 구분하는데 이는 진술 대상과 진술 방식을 기준으로 나눈 것이다. 대상에는 움직이지 않는 정적(靜的) 대상과 움직이는 동적(動的) 대상이 있다. 기쁨이나 슬픔과 같은 정서나 선과 악과 같은 관념은 변할 수는 있지만 움직인다고 하기는 어렵다. 지식이나 사실도 역시 움직이는 대상이라 하기 어렵다. 또한 산이나 바다와 같은 자연풍광도 그 자체가 움직이는 대상이라 하기 어렵다. 이러한 것은 모두 정적 대상이다. 반면 살아있는 인물은 움직이는 존재이다. 인물이 움직이지 않으면 인물의 성격이나 행동을 통해서 드러나는 사건이 만들어지지 않는다.

– 서대석, 『이야기의 의미와 해석』(세창출판사, 2011) 중에서

⑤ 분석

분석이란 '나누고 가른다'는 뜻으로, 어떤 대상을 구성 요소로 나누거나 여러 요인으로 나누어 각 부분의 의미나 기능, 상호관계 등을 밝히는 방법이다. 예를 들어, 어떤 현상의 원인과 결과를 밝히는 인과적 분석의 방법은 분석의 한 종류가 될 수 있다. 같은 대상을 분석할 경우에도 시각과 관점에 따라 결과가 달라질 수 있다.

미세먼지는 공기 중에 떠다니는 지름 10㎛ 이하의 미세한 입자로, 크기와 성분에 따라 건강과 환경에 영향을 미친다. 미세먼지의 주요 성분은 무기 성분, 탄소 화합물, 중금속, 광물성 입자, 소금 성분 등이다. 무기 성분에는 화석연료에서 발생하는 이산화황이 대기 중에서 산화되어 생성된 황산염, 자동차 배기가스 등에서 배출된 질소산화물이 대기 중에서 반응하여 생성된 질산염, 농업 비료에서 발생한 암모니아가 대기 중에서 산성 입자와 결합하여 생성된 암모늄 등이 있다. 또, 탄소 화합물에는 화석연료와 바이오매스의 불완전 연소로 생성되는 검은색 입자인 블랙 카본이 있고, 중금속에는 산업현장에서 배출되거나 폐기물을 소각하며 발생한 납, 비소, 카드뮴, 수은 등이 있다. 광물성 입자에는 건설 현장에서 발생하는 먼지로 인한 규산염, 석회질 등이 있으며, 소금 성분에는 바다에서 증발한 소금 알갱이로 인한 염화나트륨이

있다. 이 중 황산염, 질산염, 블랙 카본과 같은 성분이 주요 오염 물질로 작용하며, 인체 및 환경에 유해한 영향을 미친다.

(2) 논증

논증은 자신의 주장을 전달하여 독자를 설득하기 위한 진술 방식이다. 즉 근거를 제시하여 어떤 사실이나 의견을 논리적으로 증명함으로써 독자가 글쓴이의 주장에 동의하도록 하는 것이다. 이때 주장이나 의견만 있고 그것을 뒷받침하는 근거들이 없다면 논증이라고 할 수 없다. 주장을 뒷받침하는 근거를 논거라고 하고, 논거에서 주장에 이르는 과정을 추론이라고 한다. 추론 과정에서 합당하고 충분한 논거들이 제시될 때 독자를 효과적으로 설득할 수 있다. 독자를 설득하기 위해서는 감정에 호소하는 방법도 있지만 보다 설득력을 갖추기 위해서는 논리적으로 자신의 의견을 증명할 수 있어야 한다.

논증은 사실이나 현상, 사회적 이슈에 대해 자신의 주장을 전달하는 진술이기 때문에 논제에 대한 글쓴이의 판단이 작용할 수밖에 없다. 논증은 글쓴이의 가치관이나 세계관과 깊은 관련이 있다. 절대적으로 옳거나 그른 주장은 없다. 그러므로 논증 과정에서의 타당성 여부는 논거와 추론 과정의 적합성에 달려 있다. 논증은 단순한 기술 방식의 문제가 아니라 논리적 사고, 즉 사유 방식의 문제라 할 수 있다.

추론의 대표적 유형으로는 연역법, 귀납법, 유비 추론이 있다. 각 추론 방식에 대해 알아보자.

① 연역법

연역법은 일반적 원리를 전제로 특수한 사실을 이끌어내는 추론이다. 우리가 흔히 삼단논법으로 알고 있는 형식이 전형적인 연역법이라 할 수 있다. 연역법은 만일 전제가 참이라면 결론 또한 참이라는 형식의 추론이므로 타당한 연역법의 결론은 이미 전제 안에 포함된 것이어야 한다. 따라서 분명한 참의 전제를 찾아낸다면 연역법은 매우 유용하다. 반면 확신할 수 없는 전제를 제시한다면 결론의 타당성이 약화되므로 주의해야 한다.

공익을 위한 목적이더라도 개인의 기본권에 대한 제한은 최소화되어야 한다. 이는 민주주의의 핵심 가치인 개인의 존엄성과 자유를 지키기 위해 필수적이다. 우리는 코로나19 팬데믹 시기를 거치면서 공익을 위한 국가의 통제가 개인의 기본권을 어디까지 제한할 수 있는가 혹은 제한해야 하는가 하는 문제를 맞닥뜨렸다. 당시 헌법학자들은 공익을 위해 개인정보를 공개하더라도 그 목적에 맞게 최소한의 정보만 공개할 것을 주장하고, 백신 접종이 강제될 경우 건강권이나 의료에 관한 자기결정권이 침해당할 소지가 있음을 지적했다. 전염병 확산을 막기 위한 방역 조치는 공익에 기여하지만, 개인의 이동권이나 사생활 보호권 등을 지나치게 제한한다면 그 정책의 정당성은 약화될 수밖에 없다. 공익은 다수의 이익을 추구하는 것이지만, 이는 개인의 희생을 전제로 하지 않아야 한다. 방역과 같은 상황에서도 개인의 기본권을 최대한 지키기 위해 대안을 모색하려는 노력이 필요하다.

② 귀납법

귀납법은 구체적이고 특수한 사실을 종합하여 일반적인 원리를 이끌어내는 추론이다. 따라서 귀납법에서는 정확하고 신뢰할 수 있는 예들을 제시하는 것이 중요하다. 귀납법은 특수한 예들을 통해 실제 확인한 것 이상의 경우를 포함하는 일반화로 나아가는 방식이다. 따라서 하나의 예외 사례라도 드러나면 결론이 설득력을 잃기 때문에 유의해야 한다. 귀납법에서는 예시를 통해 결론에 도달해야 하므로 적어도 둘 이상의 예가 필요하고, 일반화를 뒷받침할 수 있는 대표성 있는 예들을 제시해야 한다.

최근 경기도 소재 초등학교 3학년 학생들을 대상으로 긍정적 피드백을 활용한 자기격려 일기 쓰기를 6주간 실시한 결과, 학생들의 행복감과 정서적 안정이 유의미하게 향상되었다는 연구 결과가 발표되었다. 또, 비대면 한국어 말하기 수업에서 긍정적 피드백을 활용한 결과 학습자들의 수업 참여도와 상호작용이 증진되었으며, 결과적으로 긍정적 피드백이 학습자들의 자신감과 학습 동기를 높이는 데 중요한 역할을 했다는 연구가 보고되었다. 이러한 연구들은 긍정적인 피드백이 학습자의 연령에 상관없이 학습자의 정서적 안정, 자기 효능감, 학습 동기 및 성과 향상에 효과적임을 보여준다. 따라서 교육 현장에서 긍정적인 피드백은 적극적으로 활용되어야 한다.

③ 유비 추론

유비 추론은 두 대상이 지닌 유사점을 근거로 삼아 그들 사이에 또 다른 유사점이 있을 것이라고 판단하는 추론이다. 하나의 특정한 예로부터 또 다른 특정한 예로 나아가는 방식의 논증이다. 그 과정에서 두 예가 여러 측면에서 비슷하니 특정한 측면에서도 유사할 것이라는 추론이 가능해진다. 유비 추론은 서로 다른 대상을 연결하기 때문에 발상의 전환을 불러오지만, 두 사례 사이의 유사성이 충분하지 않으면 설득력이 떨어질 수 있으니 주의해야 한다.

나쁜 사마리아인인 부자 나라들은 개발도상국들에게 자유 무역을 권장하면서, 자신들이 모두 완전한 자유 무역은 아니더라도 그에 가까운 무역을 하고 있다는 걸 강조한다. 그러나 이것은 마치 여섯 살 먹은 아이를 키우는 부모를 보고, 성공한 어른들은 부모에게 의지하지 않으며, 또한 자립을 했기 때문에 성공한 것이라는 논리를 들이대면서 여섯 살 먹은 그 아이를 일터로 보내라고 충고하는 것과 같다. 성공한 어른들은 성공을 했기 때문에 자립을 한 것이지, 자립을 했기 때문에 성공을 한 것이 아니다. 하지만 그들은 이 사실을 깨닫지 못한다. 실제로 성공한 사람들은 대부분 어린 시절에 부모로부터 경제적, 정서적으로 든든한 지원을 받아온 사람들이다. 부자 나라들은 자국의 생산자들이 준비를 갖추었을 때에만, 그것도 대개는 점진적으로 무역을 자유화했다. 요컨대 역사적으로 살펴보면 무역 자유화는 경제 발전의 원인이 아니라 경제 발전의 과정이다.

–장하준, 『나쁜 사마리아인들』(부키, 2007) 중에서

학습활동 1

자신의 전공을 비전공자에게 설명한다고 가정하고, 간단한 설명문을 두 문단으로 작성해 보자.

학습활동 2

"반려동물 보유세를 도입해야 한다."는 주장을 펼치는 글을 쓰고자 한다. 연역법, 귀납법, 유비 추론 중 하나의 추론 방식을 활용하여 설득력을 갖춘 논증문을 한 문단으로 작성해 보자.

3) 요약하기

(1) 요약의 의미

책을 읽었을 때나 영화를 보았을 때, 또는 어떤 사건에 대한 기사나 뉴스를 보았을 때 그 내용을 간결하게 정리해야 하는 경우가 있다. 대개 책이나 영화는 줄거리를 중심으로, 신문기사나 뉴스는 사건의 내용을 중심으로 정리한다. 이와 같이 어떤 내용의 요점을 간추려 정리하는 것을 요약이라고 한다. 요약하기는 학업에서뿐만 아니라 일상생활의 여러 측면에서 필요한 능력이다. 많은 양의 자료를 간단하게 정리해 두면 훨씬 더 효과적으로 일을 처리할 수 있기 때문이다.

요약은 글의 내용을 올바르게 이해하고 중요한 내용과 그렇지 않은 내용 간의 관계를 분명하게 파악하기 위해서 필요하다. 요약을 할 때는 글의 구조나 내용의 중요도에 대한 이해를 집중적으로 분석하되 내용의 재조직 방식이나 연결 관계 추론 방식, 첨가되거나 변형된 내용 등을 파악한다. 그러므로 글을 읽을 때 이런 점을 염두에 두어 내용의 핵심과 글쓴이의 주장을 잘 정리할 수 있도록 해야 한다.

(2) 요약의 방법

첫째, 글을 한번 통독하면서 전체적인 내용을 파악한다. 어떤 내용의 글인지, 몇 개의 문단으로 구성되어 있는지 파악하고 나면 요약하기가 훨씬 쉬워진다.

둘째, 문단별로 천천히 읽으면서 핵심단어나 구절, 문장에 밑줄을 긋는다. 이때 각 문단에서 중심 생각을 담고 있는 소주제문을 찾는다. 예시 문단이나 부연 문단은 소주제문이 없는 경우가 많으므로 이런 문단은 요약에서 제외한다.

셋째, 핵심 문단을 찾는다. 핵심 문단에는 글쓴이의 중심생각이 담겨 있는 주제문이 있다.

넷째, 밑줄을 그어둔 소주제문과 핵심 내용을 연결하여 전체 내용을 정리한다. 연결이 잘되지 않는 부분이 있으면 보완하여 재구성한다. 각 문단의 핵심어와 주제문이 반드시 들어가도록 정리한다.

다섯째, 요약한 글을 퇴고한다. 맞춤법이나 문법에 어긋나는 문장이 없는지, 문장의 길이가 적당한지 살펴보고 수정한다.

(3) 요약의 원칙

요약을 할 때에는 중요한 내용은 선택하고 불필요한 내용은 삭제하며, 구체적인 진술은 일반적이고 포괄적인 어휘로 대체함으로써 글의 내용을 간단명료하게 정리해야 한다. 이처럼 요약하기는 '삭제, 일반화, 부가, 재구성'의 원칙에 따라 작성한다.

첫째, 삭제의 원칙은 주제에서 벗어나는 부분이 있는지 살펴보고 불필요하거나 과장된 부분을 삭제하는 것을 말한다. 중심 내용과 뒷받침 내용을 구분하고 부차적인 것을 삭제하며 간결하게 표현하도록 한다.

둘째, 일반화 원칙은 전체적인 내용과 세부적인 내용을 아우를 수 있도록 일반적 진술로 표현하는 것이다. 나열된 항목이나 내용을 포괄적인 것으로 대체하여 표현하고 용어나 명칭은 되도록 일반적이거나 공통적인 특징을 제시할 수 있는 것으로 변경한다.

셋째, 부가의 원칙은 생략된 부분이 없는지 점검하고 부족한 부분을 보충하는 것이다. 우선 쓰고자 할 내용을 제대로 썼는지 살펴보고, 뒷받침 내용 중에서 중요하거나 주제와 연관성 있는 문장을 선택하여 추가 작성한다.

넷째, 재구성의 원칙은 글의 순서를 바꾸어 내용이 더 잘 이해되도록 구성하는 것을 말한다. 이때 글의 주제를 생각하며 전체 문맥이 자연스럽게 이어지도록 글의 순서를 재배치해야 한다.

〈요약할 때 주의할 점〉

1. 글의 내용을 중간중간 베끼거나 단순 나열하지 않는다.
2. 주어진 글의 내용과 어긋나지 않아야 한다.
3. 관련이 적은 내용을 무리하게 결합하면 글의 응집성이 떨어진다.
4. 지나치게 세부 사항에 집착하면 글의 논지가 흐트러질 수 있다.

학습활동 3

다음 예문을 읽고 문단별로 핵심 문장을 찾아서 밑줄을 긋고, 글의 내용을 요약해 보자.

추석이란 무엇인가

밥을 먹다가 주변 사람들을 긴장시키고 싶은가. 그렇다면 음식을 한가득 입에 물고서 소리 내어 말해보라. "나는 누구인가." 아마 함께 밥 먹던 사람들이 수저질을 멈추고 걱정스러운 눈초리로 당신을 쳐다볼 것이다. 정체성을 따지는 질문은 대개 위기 상황에서나 제기되기 때문이다. 사람들은 평상시 그런 근본적인 질문에 대해 관심이 없다. 내가 누구인지, 한국이 무엇인지에 대해 궁금해하기보다는, 내가 무엇을 하는지, 한국이 어떤 정책을 집행하는지, 즉 정체성보다는 근황과 행위에 대해 더 관심을 가진다. 그러나 자신의 존재 규정을 위협할 만한 특이한 사태가 발생하면, 새삼 근본적인 질문을 던지지 않을 수 없다.

내 친구가 그 좋은 예이다. 그의 부인은 일상의 사물을 재료로 작품을 만드는 예술가인데, 얼마 전 전시회를 열었다. 전시된 작품 중에는 오래된 연애편지를 활용해서 만든 것도 있었다. 특이한 작품이라는 생각이 들어서 그 앞에서 작품의 소재가 된 옛 연애편지를 읽어보았다. 그런데 그 내용과 표현이 내 감수성이 받아들이기에는 너무 느끼해서 그만 그 자리에서 토할 뻔했다. 혹여 내가 연애편지를 쓰게 되는 상황에 다시 처한다면, "영민"이란 이름을 한 글자로 줄여서 "민"이라고 자칭하지는 않으리라. 나 자신을 3인칭으로 부르지 않으리라. "민은 이렇게 생각한답니다"와 같은 문장을 쓰지 않으리라. "사랑하는 나의 희에게, 희로부터 애달픈 사랑을 듬뿍 받고 싶은 민으로부터"와 같은 표현은 결코 구사하지 않으리라.

심정지가 올 정도로 느끼한 문장으로 가득 찬 그 연애편지가 하도 인상적이어서, 그 작품을 만든 친구 부인에게 이거 대체 누가 쓴 편지냐고 물었다. 그러자 천연덕스럽게 "대학 시절 연애할 때 제 남편이 제게 보낸 편지예요"라는 대답이 돌아왔다. 아, 과학자의 탈을 쓴 그 친구에게 이와 같은 면모가 있었다니! 며칠 뒤, 그 친구를 만날 기회가 있었을 때 급기야 "그거 네가 쓴 연애편지라며?"라고 묻고 말았다. 그랬더니 평소 감정의 큰 기복이 없던 그 친구가 정서적 동요를 보이면서, 자신도 전시회에서 그 편지를 보고 그 내용과 표현에 큰 충격을 받았다고 털어놓았다. 놀리고 싶어진 나는 왜 그런 느끼한 표현을 썼느냐고 따져 물었다. 그러자 그 친구는 갑자기 과학자다운 평정심을 잃고 고성을 질러댔다. "그 편지를 쓰던 때의 나와 지금의 나는 다른 사람이라고 생각해! 내가 왜 그랬냐고 묻지 마!" 그러고는 벌떡 일어나 괴성을 지르며 나를 할퀴었다. 그 더러운 손톱에 할퀴어지는 바람에, 내 손목은 진리를 위해 순교한 중세 성인처럼 피를 흘렸다.

그 친구의 이러한 난동은 정체성의 질문이란 위기 상황에서 제기되는 것임을 잘 보여준다. 자신이 받아들이고 싶지 않은 과거를 부정하기 위해, 기존에 가지고 있던 자기 정체성을 스스로 파괴하려 들었던 것이다. 하나의 통합된 인격과 내력을 가진 인간으로 살아가기를 포기한 것이다. 오늘도 그 느끼한 연애편지를 쓰던 자신과 현재의 '쿨한' 자신을 화해시키고, 새 시대에 맞는 새로운 정체성을 구성하기 위해 '인문학적으로' 씨름하고 있으리라.

추석을 맞아 모여든 친척들은 늘 그러했던 것처럼 당신의 근황에 과도한 관심을 가질 것이다. 취직은 했는지, 결혼할 계획은 있는지, 아이는 언제 낳을 것인지, 살은 언제 뺄 것인지 등등. 그러나 21세기의 냉정한 과학자가 느끼한 연애편지를 쓰던 20세기 청년이 더 이상 아니듯이, 당신도 과거의 당신이 아니며, 친척도 과거의 친척이 아니며, 가족도 옛날의 가족이 아니며, 추석도 과거의 추석이 아니다. 따라서 "그런 질문은 집어치워 주시죠"라는 시선을 보냈는데도 불구하고 친척이 명절을 핑계로 집요하게 당신의 인생에 대해 캐물어 온다면, 그들이 평소에 직면하지 않았을 근본적인 질문을 던지는 게 좋다. 당숙이 "너 언제 취직할 거니"라고 물으면, "곧 하겠죠, 뭐"라고 얼버무리지 말고 "당숙이란 무엇인가"라고"대답하라. "추석 때라서 일부러 물어보는 거란다"라고 하거든, "추석이란 무엇인가"라고 대답하라. 엄마가 "너 대체 결혼할 거니 말 거니"라고 물으면, "결혼이란 무엇인가"라고 대답하라. 거기에 대해 "얘가 미쳤나"라고 말하면, "제정신이란 무엇인가"라고 대답하라. 아버지가 "손주라도 한 명 안겨다오"라고 하거든 "후손이란 무엇인가". "늘그막에 외로워서 그런단다"라고 하거든 "외로움이란 무엇인가". "가족끼리 이런 이야기도 못하니"라고 하거든 "가족이란 무엇인가". 정체성에 관련된 이러한 대화들은 신성한 주문이 되어 해묵은 잡귀와 같은 오지랖들을 내쫓고 당신에게 자유를 선사할 것이다. 칼럼이란 무엇인가.

– 김영민, 『경향신문』, 2018.09.21.

학습활동 4

예문을 읽고 요약의 원칙을 생각하며 질문에 답해 보자.

육식: 끊을 수 없는 남의 살에 대한 갈망

영국의 작가 존 버거는 〈왜 동물을 보는가?〉라는 에세이에서 인간은 동물과 접촉하지 않게 되면서, 특히 눈과 눈을 서로 들여다보지 않게 되면서 동물들과 잔인한 관계를 맺게 되었다고 주장한다. 어린 시절, 도축장에 끌려가는 소의 눈망울을 본 뒤 한동안 고기를 먹지 못한 경험을 해본 사람이라면, 존 버거가 무슨 말을 하는지 쉽게 수긍이 가리라. 나는 초등학교 시절, TV 다큐멘터리에서 '소를 도축장에 끌고 가는 장면'을 보고서 한동안 비슷한 '육식 전폐'를 경험한 적이 있다.

동물과 시선을 마주해 본 사람이라면

존 버거에 따르면, 우리는 동물의 눈을 바라보며 (다시 말해 어느 정도 신비롭다고 할 수 있는 '시선의 접촉'을 통해) 인간이 동물과 대단히 비슷하면서 동시에 매우 다른 존재라는 사실을 인식하게 된다. 우리는 동물의 눈을 바라보며 그들과 공감하고, 그들의 감정을 엿보며, 때론 동일시한다. 최소한 그들이 우리와 비슷한 감정과 고통, 그리고 존엄한 생명을 가진 존재라는 사실을 그 순간 인식하게 된다.

그러나 도시가 발달하고 도축장이 도시인들의 삶에서 점점 멀어지면서, 시선 접촉을 해본 적이 없는 도시인들은 점점 '잔인한 육식동물'로 진화해 왔다. 그들에게 고기는 그저 얇게 잘 썰어진, 살코기가 튼실한, 혹은 냉동포장 안에 평화롭게 누워 우리의 식탁 위에서 맛있게 요리되기를 기다리는 식재료 그 이상도 이하도 아닌 존재가 돼 버렸다. 동물과의 시선 접촉이 사라진 시대에, 사람들은 동물에게 시선을 돌리고 그들을 편하게 잡아먹는 '먹이사슬의 관계'로 회복되었다.

동물의 눈을 피하지 못한 사람들은 점점 채식주의자가 돼가는 추세이며, 내 주변에서도 자주 목격하게 된다. 채식주의자들은 전 지구적으로 매시간 400마리의 송아지가 도축장에서 총에 맞거나 주사를 맞아 죽어간다는 사실을 식탁에 앉을 때마다 인식한다. 그보다 훨씬 더 많은 닭과 돼지들이 인간의 식탁에 올라오기 위해 훨씬 더 잔인한 방식으로 죽어간다는 사실 또한 기억하고 있다. '산업적 도축 현장'이 얼마나 잔인한가를 인식하는 사람들은 채식을 일상화하는 놀라운 능력을 발휘한다.

'육식'을 테마로 글을 쓰면서, 미국의 석학 제러미 리프킨처럼 육식에 대한 맹비난과 함께 육식을 하지 말자고, 우리 모두 채식주의자가 되자고는 차마 말하지 못하겠다(난 오늘도 고기를 구워 먹었으니까). 자본주의의 몸뚱이를 가진 사람으로서, 글과 삶을 일치시키려고 노력하는 사람으로서, 무엇보다 그토록 꽃등심을 즐기고 한 달에 몇 마리의 닭을 먹지 않으면 삶이 유지되지 않는 육식주의자로서, 나도 못하는 '육식 끊기'를 권할 순 없는 노릇이다. 그저 채식주의자들에게 경의를 표하고, 도시에 살고 있는 사람들에게 "우리 앞으로 되도록 육식 소비를 줄입시다!" 정도로만 말할 수밖에 없는 저를 용서하시길.

과학자로서 부끄러운 축산업 공장

동물과의 시선 접촉이 사라진 도시 시공간에서, 동물의 시선을 느끼는 채식주의자는 그 자체로 훌륭한 사람들이다. 그들은 육식이라는 인간 본성을 거슬러가며 생태계 안에서 우리가 동물과 행복하게 공존하는 세상을 꿈꾼다. 실제로 브리야사바랭의 말처럼 "세상에서 먹을 수 있는 모든 것이 인간의 거대한 식욕 앞에 송두리째 맡겨져 있는 오늘날, 인간의 복잡한 미각은 거의 '완성' 단계"에 이르렀다. 자연 생태계 전체에서 인간은 유일한 미식가다. 동물과 식물을 가리지 않는 인간의 왕성한 식욕과 잡식 능력은 그 자체로 유일하며 위대하다는 얘기다.

알다시피 인간의 몸은 고기와 채소를 먹기에 아주 잘 발달해왔다. 인간의 이는 동물의 살을 무자비하게 찢기에 효율적으로 어금니와 앞니가 발달해왔고, 오래도록 식물성 섬유를 찧기에도 적절하게 진화해왔다. 이 두 쌍의 도구를 모두 갖춘 동물은 많지 않다. 인간의 위장과 소장이 가진 능력 또한 각별하다. 인간의 위는 특별히 '엘라스틴'이라는 단백질을 분해하는 효소를 생산하는데, 엘라스틴은 고기 말고는 어디에서도 발견되지 않는다. 인간의 대사는 특정한 화합물들을 필요로 하는데, 비타민C처럼 어떤 화합물은 식물에서만 얻을 수 있고, 비타민B12처럼 어떤 화합물은 동물에서만 얻을 수 있다. 다시 말해 지난 3만 년간 느리면서도 오랜 진화 과정을 거쳐 인간은 '잡식동물의 몸'을 갖게 된 것이다. 게다가 1.4kg의 무거운 두뇌를 갖게 된 인간은 여기에 창의적인 미식 문화까지 갖게 되어, 유례를 찾아볼 수 없는 잔인한 동물로 변모했다. 돼지와 닭, 소들을 좁은 공간에서 대량으로 키우고, 그들에게 하루 종일 음식을 먹게 만드는 끔찍한 장치를 개발하고, 기름기가 잘 배어 있는 살코기를 만들어내려고 먹여서는 안 될 사료를 대량으로 제공하는 무자비함을 테크놀로지화했다.

불행하게도, 몬샌토 같은 거대기업이 과학기술로 무장해 그 최선봉에 서 있다는 사실을 과학자의 한 사람으로서 반성하지 않을 수 없다. 슈퍼마켓의 풍요로운 음식 풍경을 제공하려고 유전자를 조작한 식물을 대량 재배하고, 부적절한 사료를 대량 생산하고, '유기농'이라는 그럴듯한 이름을 내세워 지금의 산업적인 음식사슬의 모순과 폐해를 더욱 공고히 하는 일을 조직적으로 자행하고 있다. 그들이 만든 살충제는 생태계의 먹이사슬을 왜곡하고, 식물을 비정상적으로 성장하게 하며, 육식 세계를 유지하는 데 필요한 자원을 제공하는 데 기여한다. 아리스토텔레스가 말했듯이, 인간은 '식욕을 통제하는 가치 있는 미덕이 없다면', 모든 동물 가운데 음식에 관련해 유례를 찾아볼 수 없는 가장 불경하고 잔인하며 사악한 동물이다. 제러미 리프킨이 『육식의 종말』 같은 책에서 언급한 수많은 통계가 아니더라도, 지금까지 육식으로 인해 지구와 자연 생태계가 입은 피해는 상상을 초월할 정도다.

음식사슬이 짧은 식탁을 꿈꾸며

점점 미국인의 몸을 닮아가는 우리나라 사람들도 미국인들이 가장 부러워하는 '프랑스인의 역설'은 주목할 만하다. 비민이 '전 국가적 우환'인 미국 사람들은 프랑스인의 식생활에 관심이 많다(치즈와 함께 와인을 적당히 마시면 심장병과 비만에 걸릴 확률이 낮아진다는 신문 기사를 미국에서는 일주일에 서너 번씩 보게 된다!). 그들은 프랑스인들이 몸에 안 좋은 음식을 충분히 즐기면서도 어떻게 심장병·비만 문제를 잘 해결하고 장수를 얻게 됐는지 관심이 많다.

실상 탄수화물과 지방이 많이 든 음식은 맛있지만 '독'이라고들 한다. 그런데 어떻게 프랑스인들은 독을 즐기면서도 장수하게 됐을까? 프랑스인들은 어떻게 먹느냐, 그리고 음식을 어떻게 대하느냐가 무엇을 먹느냐만큼 중요하다고 주장한다. 프랑스인은 몸에 좋지 않은 각종 음식을 먹는다(푸아그라를 생각해보라!). 하지만 그들은 엄격하고 안정된 일련의 규칙에 따라 음식을 먹는다. 적은 양을 먹고, 식사 외에 간식은 삼가며, 거의 혼자 먹는 법 없이 여럿이 함께 오랫동안 여유로운 식사를 한다. 이거, 우리에게 쉽지 않은가! 우리는 프랑스인들보다 더 훌륭한 음식문화를 가지고 있으니까. 우리의 전통 음식과 식사 문화는 프랑스인들보다 더 건강하다.

도시에 사는 인간은 점점 음식사슬이 긴, 그래서 세상에 대한 의존도가 높은 삶을 살고 있다. 하지만 언젠가는 나도 음식사슬이 짧은 식사 생활을 꿈꿔본다. 내가 재배한 것을 먹고, 직접 사냥한 무언가를 요리하고, 채집해 얻은 것으로 식사를 하는 삶 말이다. '자연이라는 풍요로운 레스토랑에서 요리사로서 사는 삶'을 오늘부터 꿈꿔본다.

– 진중권, 정재승 『크로스2 : 진중권+정재승』, (웅진지식하우스, 2012) 중에서

4-1. 소제목별로 핵심 내용을 정리해 보자.

소제목	핵심 내용
1	
2	
3	

4-2. 육식에 대한 글쓴이의 주장과 근거를 찾아보고 한 문단으로 요약해 보자.

주장/근거	
요약	

4-3. 이 글의 주장에 대한 나의 입장을 써 보자.

찬성/반대	
이유	

3

바른 글쓰기

어문규정에 맞는 표현은 정확한 의사소통의 시작점이 된다. 어문규정에 어긋나는 표현이나 비표준어를 사용하면 글쓴이의 의도를 정확하게 전달하기 어렵다. 사회적 약속인 어문규정을 준수하는 것은 글을 읽을 이들에 대한 글쓴이의 기본적인 예의이기도 하다. 또, 어문규정에 맞는 표현은 글의 신뢰성을 높이는 데 바탕이 된다. 이 장에서는 어문규정인 한글 맞춤법, 표준어 규정, 외래어 표기법, 국어의 로마자 표기법에 대해 이해하고, 바른 단어 및 바른 문장 등에 대해 익히도록 한다. 자세한 어문규정은 국립국어원 홈페이지에서 확인할 수 있다.

〈국립국어원 홈페이지 어문규범 참조〉

1) 한글 맞춤법

- **한글 맞춤법**
  - **총칙**
    - 제1항 한글 맞춤법은 표준어를 소리대로 적되, 어법에 맞도록 함을 원칙으로 한다.
    - 제2항 문장의 각 단어는 띄어 씀을 원칙으로 한다.
    - 제3항 외래어는 '외래어 표기법'에 따라 적는다.
  - **자모**
    - 한글 자모의 수는 스물넉 자로 하고, 그 순서와 이름은 다음과 같이 정한다.
  - **소리에 관한 것**
    - 제1절 된소리
    - 제2절 구개음화
    - 제3절 'ㄷ' 소리 받침
    - 제4절 모음
    - 제5절 두음 법칙
    - 제6절 겹쳐 나는 소리
  - **형태에 관한 것**
    - 제1절 체언과 조사
    - 제2절 어간과 어미
    - 제3절 접미사가 붙어서 된 말
    - 제4절 합성어 및 접두사가 붙은 말
    - 제5절 준말
  - **띄어쓰기**
    - 제1절 조사
    - 제2절 의존명사, 단위를 나타내는 명사 및 열거하는 말 등
    - 제3절 보조용언
    - 제4절 고유 명사 및 전문 용어
  - **그 밖의 것**
    - 기타

〈한글 맞춤법의 개요〉

(1) 된소리

①	한 단어 안에서 뚜렷한 까닭 없이 나는 된소리는 다음 음절의 첫소리를 된소리로 적는다.
	예: 부쩍, 털썩, 훨씬, 잔뜩
②	다만, 'ㄱ', 'ㅂ' 받침 뒤에서 자음은 항상 된소리로 발음되기 때문에 된소리로 표기하지 않는다.
	예: 싹둑, 깍두기, 몹시, 갑자기
③	또, 독립적인 말로 이루어진 합성어는 그 구성요소의 원형을 밝혀서 표기하므로 된소리로 표기하지 않는다.
	예: 눈곱, 눈살, 발바닥

(2) 구개음화

①	'ㄷ, ㅌ' 받침 뒤에 종속적 관계를 가진 '-이(-)'나 '-히-'가 올 때에는 그 'ㄷ, ㅌ'이 'ㅈ, ㅊ'으로 소리 나더라도 'ㄷ, ㅌ'으로 적는다.
	예: **맏이, 해돋이, 걷히다, 닫히다, 묻히다, 같이, 끝이** ※ 여기서 말하는 '종속적(從屬的) 관계'란, 실질 형태소인 체언, 어근, 용언 어간 등에 형식 형태소인 조사, 접미사, 어미 등이 결합하는 관계를 말한다. 따라서 형식 형태소가 아닌 실질 형태소가 결합한 말인 경우 구개음화가 실현되지 않는다. 예: 곧이어[고디어]: 곧(부사)+이어(부사)

(3) 두음법칙

①	두음법칙은 한자어 첫 소리에 'ㄴ','ㄹ'이 오는 것을 꺼리는 현상이다.
	예: **늠름, 여자, 양심, 역사** ※ '연도(年度)'와 '년도(年度)'는 두음법칙의 적용에 차이가 있다. '연도'는 명사로, '사무나 회계 결산 따위의 처리를 위하여 편의상 구분한 일 년 동안의 기간 또는 그해'를 의미한다. '년도'는 의존명사로, '해를 뜻하는 말 뒤에 쓰여 일정한 기간 단위로서의 그해'로 쓰인다. 예: **졸업 연도, 제작 연도, 1985년도 출생자, 1970년도 졸업식**
②	접두사가 결합된 말이나 합성어의 경우 단어별로 두음법칙이 적용된다.
	예: **신여성, 실낙원, 공염불, 한국여자대학**
③	다만, 모음이나 'ㄴ' 받침 뒤에 이어지는 '렬, 률'은 '열, 율'로 적고, 고유어, 외래어 뒤의 '량, 란'은 '양, 난'으로 표기한다.
	예: **나열, 분열, 합격률, 비율, 출산율, 노동량, 알카리양, 구름양, 독자란, 어린이난, 스포츠난**

(4) 어간과 어미

①	용언의 어간과 어미는 구별하여 적는다. 단, 두 개의 용언이 어울려 한 개의 용언이 될 때 앞말의 본뜻이 유지되고 있는 것은 그 원형을 밝히어 적고, 그 본뜻에서 멀어진 것은 밝히어 적지 않는다.
	예: 넘어지다, 늘어나다, 드러나다, 쓰러지다
②	-오/-요 : 종결형 어미 '-오'는 '요'로 소리 나는 경우가 있더라도 그 원형을 밝혀 '오'로 적는다. 연결형으로 사용되는 '이요'는 '이요'로 적는다. 또, '예'의 짝은 '아니요'이다.
	예: 여기서 기다리시오. 당신은 나에게 빛이요, 소금이요, 생명입니다. 오늘 철수가 온다고 했니? 아니요, 영수가 온다고 했어요.

(5) 모음조화

①	모음조화란 한 단어 안에서 모음이 연결될 때 양성모음(ㅏ, ㅗ) 뒤에서는 '-아', 음성모음(ㅓ, ㅣ, ㅡ, ㅜ) 뒤에서는 '-어'와 결합하는 현상이다.
	예: 막아라, 보아라, 먹어라, 씻어라, 들어라, 웃어라 ※ '바라다'의 경우 '희망하다'를 뜻할 때는 모음조화 현상에 의해 '바라'가 맞는 표기이니 주의해야 한다. 예: 앞으로 행복하길 바라. / 부디 시험에 합격하기를 바란다.

(6) 불규칙용언

①	'ㄹ'불규칙용언은 여러 조건에서 'ㄹ'이 탈락하는데 특히 '-ㄴ'이나 '-는' 앞에서 'ㄹ'이 탈락하는 경우를 주의해야 한다.
	글쓰기 실력이 많이 는 것 같다. 하늘을 나는 비행기 거친 벌판으로 달려가자.

②	'ㄷ'불규칙용언은 어간이 'ㄷ'으로 끝나는 일부 용언이 모음 어미와 만나서 'ㄷ'이 'ㄹ'로 바뀌는 경우를 말한다.
	라면이 붇기 전에 먹어야겠다. 라면이 불어서 맛이 없다. 밥이 눋지 않게 해라. 내 동생은 밥이 눌은 것만 좋아한다.

(7) 접미사

①	어간에 '-이'나 '-음/-ㅁ'이 붙어서 명사로 된 것과 '-이'나 '-히'가 붙어서 부사로 된 것은 그 어간의 원형을 밝히어 적는다.
	예: 달맞이, 먹이, 믿음, 웃음, 앎, 굳이, 끝없이, 익히 ※ 명사를 만드는 접미사 '-이, -음'이 결합하여 명사가 된 경우라도 어간의 본뜻이 멀어졌으면 소리 나는 대로 적는다. 예: 목걸이(목에 거는 물건)/목거리(목이 아픈 병) 놀음(놀이)/ 노름(도박)
②	어간에 '-이'나 '-음' 이외의 모음으로 시작된 접미사가 붙어서 다른 품사로 바뀐 것은 그 어간의 원형을 밝히어 적지 않는다.
	예: 너머, 무덤, 차마, 미처
③	명사 뒤에 '-이'가 붙어서 된 말은 그 명사의 원형을 밝히어 적는다.
	예: 간간이, 낱낱이, 샅샅이, 얌전이, 억척이 ※ 명사에 '-이' 이외의 모음으로 된 접미사가 결합한 경우에는 명사의 원형을 밝혀 적지 않는다. 예: 고랑(←골+-앙), 터럭(←털+-억), 모가지(←목+-아지)

④	'-하다'나 '-거리다'가 붙는 어근에 '-이'가 붙어서 명사가 된 것은 그 원형을 밝히어 적는다.
	예: 배불뚝이, 삐죽이, 오뚝이 ※ '-하다'나 '-거리다'가 붙을 수 없는 어근에 '-이'나 또는 다른 모음으로 시작되는 접미사가 붙어서 명사가 된 것은 그 원형을 밝히어 적지 않는다. 예: 깍두기, 얼루기, 부스러기
⑤	'-하다'가 붙는 어근에 '-히'나 '-이'가 붙어서 부사가 되거나, 부사에 '-이'가 붙어서 뜻을 더하는 경우에는 그 어근이나 부사의 원형을 밝히어 적는다.
	예: 급히, 딱히, 꾸준히, 쓸쓸히, 깨끗이, 따뜻이, 반듯이 ※ '-하다'가 붙지 않아서 어근과 접미사를 분리하기 어려울 때에는 어근의 원형을 밝히지 않고 소리 나는 대로 적는다. 예를 들어 '반드시'는 '반듯하다'의 어근 '반듯'의 본뜻이 유지될 때와 유지되지 않을 때를 구별할 수 있다. 예: 반듯하다: 생김새가 아담하고 말끔하다. 반듯이: 생김새가 아담하고 말끔히 반드시: 틀림없이 꼭 지긋하다: 나이가 비교적 많아 듬직하다. 지긋이: 나이가 비교적 많아 듬직하게 지그시: 슬며시 힘을 주는 모양

(8) 합성어 및 접두사가 붙은 말

①	둘 이상의 단어가 어울리거나 접두사가 붙어서 이루어진 말은 각각 그 원형을 밝히어 적는다.
	예: 싫증, 홀아비, 홑몸, 낮잡다, 엿듣다 ※'이(齒, 虱)'가 합성어나 이에 준하는 말에서 '니' 또는 '리'로 소리 날 때에는 '니'로 적는다. 예: 덧니, 사랑니, 톱니, 머릿니

<table>
<tr><td rowspan="2">②</td><td>끝소리가 'ㄹ'인 말과 다른 말이 어울릴 때 'ㄹ' 소리가 나지 않는 것은 아니 나는 대로 적는다.</td></tr>
<tr><td>예: 다달이(달-달-이), 여닫이(열-닫-이), 따님(딸-님), 화살(활-살)

※ 한자 '불(不)'이 첫소리 'ㄷ, ㅈ' 앞에서 '부'로 읽히는 단어의 경우도 '부'로 적는다.
예: 부당(不當), 부득이(不得已), 부조리(不條理), 부주의(不注意)</td></tr>
<tr><td rowspan="2">③</td><td>두 말이 어울릴 때 'ㅂ' 소리나 'ㅎ' 소리가 덧나는 것은 소리대로 적는다.</td></tr>
<tr><td>예: 멥쌀(메ㅂ쌀), 볍씨(벼ㅂ씨), 접때(저ㅂ때), 살코기(살ㅎ고기), 수캐(수ㅎ개)

※ '수(雄)-'와 '암(雌)-'이 붙은 말 중 '수고양이'와 '암고양이'는 '수코양이'와 '암코양이'로 적지 않는다.</td></tr>
</table>

(9) 사이시옷

<table>
<tr><td rowspan="2">①</td><td>고유어+고유어, 고유어+한자어의 합성어로, 뒷말의 첫소리가 된소리로 나는 경우 사이시옷을 쓴다.</td></tr>
<tr><td>예: 장밋빛, 보랏빛, 머릿돌, 기댓값, 만둣국, 등굣길, 찻잔, 전셋집</td></tr>
<tr><td rowspan="2">②</td><td>고유어+고유어, 고유어+한자어의 합성어로, 뒷말의 첫소리 'ㄴ, ㅁ' 앞에서 'ㄴ' 소리가 덧나는 경우 사이시옷을 쓴다.</td></tr>
<tr><td>예: 빗물, 잇몸, 냇물, 아랫니, 툇마루, 제삿날</td></tr>
<tr><td rowspan="2">③</td><td>고유어+고유어, 고유어+한자어의 합성어로, 뒷말의 첫소리 모음 앞에서 'ㄴㄴ' 소리가 덧나는 경우 사이시옷을 쓴다.</td></tr>
<tr><td>예: 나뭇잎, 예삿일, 뒷일, 베갯잇, 훗일</td></tr>
<tr><td rowspan="2">④</td><td>한자어+한자어 합성어의 경우에는 다음 2음절 한자어 6가지 경우에만 붙인다.</td></tr>
<tr><td>예: 곳간(庫間), 셋방(貰房), 숫자(數字), 찻간(車間), 툇간(退間), 횟수(回數)</td></tr>
<tr><td rowspan="2">⑤</td><td>외래어가 들어 있는 경우 사이시옷을 쓰지 않는다.</td></tr>
<tr><td>예: 피자집, 오렌지빛</td></tr>
</table>

(10) 준말

①	'~하지' 앞의 소리가 무성음(ㄱ, ㅂ, ㅅ)으로 끝나면 '하' 전체가 떨어져 '지'만 남는다.
	예: 익숙지, 넉넉지, 답답지, 깨끗지, 섭섭지
②	'~하지' 앞의 소리가 유성음(모음, ㄴ, ㄹ, ㅁ, ㅇ)이면 'ㅏ'가 떨어져 '치'가 된다.
	예: 무심치, 간편치, 편치, 적절치, 만만치
③	어간 모음 'ㅚ' 뒤에 '-어'가 결합하여 'ㅙ'로 줄어드는 경우, 'ㅙ'로 적는다.
	예: 이렇게 만나게 돼서 반갑다. 내일 봬요. 설은 잘 쇴니?
④	'왠지'는 '왜인지'의 준말이다. '웬'은 다른 말과 결합해서 쓰거나 '웬 영문', '웬 사람' 등 명사를 수식하는 관형사로 쓰인다.
	예: 왠지, 웬만하면, 웬일, 웬 날벼락
⑤	'-데'는 말하는 사람이 직접 경험한 과거 사실을 회상할 때 '~더라'의 의미로 쓴다. '-대'는 다른 사람에게 들은 말을 전달할 때 '~다고 해'의 준말로 쓴다.
	예: 어제 보니까 그 친구 정말 재미있데. 엄마가 그러는데 오늘 저녁에 비가 온대.
⑥	'금세'는 '금시에'의 준말이다.
	예: 그가 무사하다는 소식을 듣자 그녀는 금세 환하게 웃었다.

(11) 그 외 틀리기 쉬운 표현

①	'몇 일'이 성립하려면 [며딜]로 소리 나야 한다. 그런데 [며딜]로 소리 나는 경우는 없고 항상 [며칠]로 소리가 나기 때문에 '며칠'로 표기한다.
	예: 오늘이 몇 월 며칠이지?
②	'삼가하다'라고 많이 쓰지만 '삼가다'가 기본형이다.
	예: 수업시간에는 휴대폰 사용을 삼가 주시기 바랍니다. 공공장소에서는 흡연을 삼가야 한다.

<table>
<tr><td rowspan="2">③</td><td>'-로서/-로써': '-로서'는 신분, 자격, 지위 등을 나타낼 때 쓰고, '-로써'는 수단, 도구, 방법 등을 표현할 때 사용한다.</td></tr>
<tr><td>예: 그것은 학생으로서 해서는 안 될 행동이었다.
지금 내 슬픔은 말로써 다 표현할 수 없다.</td></tr>
<tr><td rowspan="2">④</td><td>'-든(지)/-던(지)': '-든'은 선택을 의미하고, '-던'은 지난 과거를 나타낸다.</td></tr>
<tr><td>예: 빵이든 떡이든 마음대로 먹어라.
어제는 어찌나 춥던지 다시 겨울이 온 것 같았다.</td></tr>
<tr><td rowspan="2">⑤</td><td>의문을 나타내는 '-(으)ㄹ까?', '-(으)ㄹ꼬?', '-(스)ㅂ니까?', '-(으)리까?', '-(으)ㄹ쏘냐?'의 어미들은 된소리로 적는다.</td></tr>
<tr><td>예: 목적지도 없이 나는 어디로 갈꼬?

※ 이 밖에 '-ㄹ거나', '-ㄹ걸', '-ㄹ게' 등은 '-ㄹ꺼나, -ㄹ껄, -ㄹ께' 등으로 적지 않는다.

예: 이따 내가 전화할게.</td></tr>
<tr><td rowspan="2">⑥</td><td>'-꾼/-군'은 '꾼'으로, '-깔/-갈'은 '깔'로, '-때기/-대기'는 '때기'로, '-꿈치/-굼치'는 '꿈치'로 적는다.</td></tr>
<tr><td>예: 장사꾼, 때깔, 거적때기, 팔꿈치

※ '-배기/-빼기'의 경우 [배기]로 발음되는 경우는 '배기'로 적고, 한 형태소 안에서 'ㄱ, ㅂ' 받침 뒤에서 [빼기]로 발음되는 경우는 '배기'로 적으며, [빼기]로 발음되는 것은 '빼기'로 적는다.

예: 진짜배기, 뚝배기, 곱빼기</td></tr>
<tr><td rowspan="2">⑦</td><td>'제자리에 맞게 붙이다, 주문하다, 똑바르게 하다, 비교하다' 등의 뜻이 있는 말은 '마추다'가 아닌 '맞추다'로 적는다.</td></tr>
<tr><td>예: 퍼즐을 맞추다, 구두를 맞추다, (친구와) 답을 맞추다

※ '옳게 답을 하다', '적중하다'의 의미일 때는 '맞히다'로 적는다.

예: 나는 수학 시험 열 문제 중에서 일곱 문제를 맞혔다.
선수는 화살을 쏘아 과녁의 한복판을 맞혔다.</td></tr>
</table>

⑧	'위', '아래'의 대립관계가 성립하면서 뒷말 첫소리가 거센소리나 된소리가 아닌 경우 '윗'이나 '아랫'으로 표기한다.
	예: 윗목, 윗수염, 윗입술, 윗자리, 윗옷(上衣), 아랫입술 ※ 다만, 사이시옷이 들어가는 환경이라고 해도 '위쪽', '아래층'처럼 뒷말의 첫소리가 거센소리나 된소리의 경우 사이시옷을 쓰지 않는다. 예: 위쪽, 위층, 위턱, 위팔, 이래쪽, 아래층, 아래턱 ※ '위'와 '아래'의 대립 관계가 성립하지 않는 경우는 '웃'이 된다. 예: 웃돈, 웃어른, 웃옷(겉옷)

학습활동 1

다음 중 옳은 표현을 골라 보자.

(1) 나는 봄을 맞아 오랫동안 기른 머리를 (①싹둑 ②싹뚝) 잘랐다.

(2) 어제 어머니로부터 사랑이 (①담북 ②담뿍) 담긴 편지를 받았다.

(3) 우리 동아리 발표회 포스터가 다른 게시물에 (①묻혀서 ②무쳐서) 잘 안 보인다.

(4) 내게 그런 (①핑게 ②핑계) 대지 마.

(5) 나는 (①띠어쓰기 ②띄어쓰기)가 너무 어렵더라.

(6) 이 자리를 (①빌어 ②빌려) 사과의 말씀을 드립니다.

(7) 설화에 의하면 황후는 태몽으로 (①쌍룡 ②쌍용)이 나오는 꿈을 꾸었다고 한다.

(8) 최근 (①이자율 ②이자률)이 조금이라도 높은 금융상품을 찾는 사람들이 늘어나고 있다.

(9) 우리 학교는 비교적 높은 (①취업율 ②취업률)을 유지하고 있다.

(10) 강추위가 계속되면서 난방에 사용되는 (①에너지양 ②에너지량)이 급격히 증가하였다.

(11) 유기동물 보호소에서 필요로 하는 하루 (①먹이양 ②먹이량)은 상당히 많다.

(12) 그는 (①독서양 ②독서량)이 많아 책벌레라고 불린다.

(13) 종종 인터넷 뉴스에서는 (①가십난 ②가십란)에 실린 기사가 최고 조회수를 기록하기도 한다.

(14) 농협은 (①고냉지 ②고랭지) 배추를 긴급 확보하기로 하였다.

(15) 너는 속으로 생각하는 것과 겉으로 (①드러나는 ②들어나는) 행동에 차이가 있는 것 같아.

(16) 이리로 (①오시오 ②오시요).

(17) 이것은 (①책이오 ②책이요), 저것은 붓이다.

(18) "오늘 재구가 오기로 했니?" "(①아니오 ②아니요), 양희가 오기로 했어요."

(19) 네 앞길에 좋은 일만 가득하길 (①바라 ②바래).

(20) 이번 사건의 진상은 (①낱낱이 ②낱낱히) 밝혀질 것이다.

(21) 유리컵에 얼룩이 남지 않도록 (①깨끗이 ②깨끗히) 닦아라.

(22) 최 씨는 어떤 어려움에도 (①오뚝이 ②오뚜기)처럼 다시 일어나는 의지의 한국인이다.

(23) 이번 목표는 (①반듯이 ②반드시) 달성해야 한다.

(24) 그에게서 (①몇 일 동안 ②며칠 동안) 아무 연락이 없다.

(25) 나는 (①선짓국 ②선지국)을 좋아하지 않는다.

(26) 아이들은 드라마 촬영을 보러 (①아랫마을 ②아래마을)로 몰려갔다.

(27) 여름에는 (①베갯잇 ②베개닛)을 자주 갈아야 한다.

(28) 앞으로 한 달 동안 비가 오지 않을 거라니 (①예삿일 ②예사일)이 아니다.

(29) 요즘은 학교 근처 방값이 너무 비싸서 (①셋방 ②세방)도 구하기가 쉽지 않다.

(30) 내가 키우는 반려견은 (①숫개 ②수캐)이다.

(31) 모든 게 생각대로 (①되 ②돼) 간다.

(32) 이걸 내가 다 가져도 (①되 ②돼)?

(33) 오랜만에 선생님을 (①뵈서 ②봬서) 무척 기뻤다.

(34) 그는 중학교 때부터 그녀와 (①사겼다고 ②사귀었다고) 한다.

(35) 돌이켜 (①생각건대 ②생각컨대), 그는 위대한 지도자였다.

(36) 나는 그녀의 (①초점 ②촛점) 없는 눈동자를 가만히 들여다보았다.

(37) 친구들이 그러는데 그 식당은 백반이 제일 (①맛있데 ②맛있대).

(38) 오늘은 (①왠지 ②웬지) 좋은 일이 생길 것 같다.

(39) 네가 이 시간에 일어나다니 (①왠일이야 ②웬일이야)?

(40) 오늘은 날씨가 쌀쌀하니 (①윗옷 ②웃옷)을 챙겨서 나가는 게 좋겠다.

(41) 우리 집 (①위층 ②윗층)에는 할아버지가 사신다.

(42) 네가 학교에 (①가든지 말든지 ②가던지 말던지) 상관하지 않겠다.

(43) 내 글쓰기 실력이 많이 (①는 ②늘은) 것 같아.

(44) 그게 (①형으로서 ②형으로써) 할 소리야?

(45) 도서관에서는 잡담을 (①삼가야 ②삼가해야) 한다.

(46) 갑자기 뛰었더니 종아리가 무척 (①당긴다 ②땅긴다).

(47) 오늘은 매운 게 별로 (①당기지 ②땅기지) 않는다.

(48) 그 집에는 넓은 마당이 (①달려 있다 ②딸려 있다).

(49) 휴대폰을 잃어버렸어. (①어떻하지 ②어떡하지)?

(50) (①넉넉지 ②넉넉치) 않은 살림에도 부모님은 자녀들의 교육을 위해 최선을 다하셨다.

(51) 갑자기 바람이 불자 책상 위의 종이들이 모두 (①날아갔다 ②날라갔다).

(52) 그럼 네가 (①세째 ②셋째) 딸이야?

(53) 어젯밤에는 어찌나 (①춥든지 ②춥던지) 손발이 어는 줄 알았다.

(54) 나는 같은 음식을 계속 먹으면 금방 (①실증 ②싫증)이 난다.

(55) 요즘은 집에서 직접 김치를 (①담그는 ②담구는) 경우가 적다고 한다.

2) 띄어쓰기

〈띄어쓰기의 원리〉

1. 조사는 그 앞말에 붙여 쓴다.
2. 의존 명사는 독립된 단어이므로 띄어 쓴다.
3. 접사는 앞말 또는 뒷말과 붙여 쓴다.

(1) 의존 명사의 띄어쓰기

의존 명사는 독립된 단어이므로 띄어 쓰는 것이 원칙이다. '것'은 특히 구어에서 '거'로 바뀌기 때문에 혼동하는 경우가 많으므로 띄어쓰기에 유의해야 한다.

아는∨것이 힘이다.

볼∨것이 많다. 볼∨게 많다.

난 집에 갈∨것이다, 갈∨거다

나도 할∨수 있다.

먹을∨만큼 먹어라.

뜻한∨바를 알겠다.

그가 떠난∨지가 오래다.

(2) 동일한 형태가 다르게 쓰이는 경우

①	'들': 복수를 나타내는 경우에는 접미사이고, 두 개 이상의 사물을 열거하는 구조에서 '그런 따위'라는 뜻을 나타내는 경우에는 의존 명사다. 이때의 '들'은 의존 명사 '등(等)'으로 바꾸어 쓸 수 있다.
	예: 남자들, 학생들 쌀, 보리, 콩, 조, 기장∨들을 오곡(五穀)이라 한다

②	'뿐': 체언 뒤에 붙어서 한정의 뜻을 나타내는 경우는 조사이고, 용언의 관형사형 '-을' 뒤에서 '따름'이란 뜻을 나타내는 경우는 의존 명사이다. 예: 남자뿐이다, 셋뿐이다, 너뿐이야 웃을∨뿐이다. 너는 착할∨뿐만∨아니라∨예쁘기도∨하다.
③	'대로': 체언 뒤에 붙어서 '그와 같이'란 뜻을 나타내는 경우는 조사이고, 용언의 관형사형 뒤에서 '그와 같이'란 뜻을 나타내는 경우는 의존 명사이다. 예: 법대로, 약속대로 본∨대로, 느낀∨대로, 말하는∨대로
④	'만큼': 체언 뒤에 붙어서 '그런 정도로'라는 뜻을 나타내는 경우는 조사이고, 용언의 관형사형 뒤에서 '그런 정도로' 또는 '실컷'이란 뜻을 나타내는 경우는 의존 명사이다. 예: 여자도 남자만큼 일한다. 키가 전봇대만큼 크다. 볼∨만큼 보았다. 애쓴∨만큼 얻는다.
⑤	'만': 체언에 붙어서 한정 또는 비교의 뜻을 나타내는 경우는 조사이고, 경과한 시간을 나타내는 경우는 의존 명사이다. 예: 하나만 알고, 둘은 모른다. 철수만 오너라. 그 물건은 주문한 지 사흘∨만에 도착했다. 그는 이곳에 온 지 1년∨만에 떠나갔다. ※ '오래간만'은 '어떤 일이 있은 때로부터 긴 시간이 지난 뒤'의 뜻을 나타내는 명사로 한 단어이므로 붙여 쓴다. 예: 오래간만에 서점에 가서 책을 샀다.
⑥	'지': '-지'가 어미의 일부일 때는 붙여 쓰고, 용언의 관형사형 뒤에서 시간의 경과를 나타내는 경우는 의존 명사이므로 띄어 쓴다. 예: 이 옷이 큰지 작은지 모르겠다. 그가 떠난∨지 보름이 지났다.

⑦	'데': '일'이나 '것', '곳'이나 '장소', '경우'를 나타내는 경우는 의존명사이고, 뒤 절에서 어떤 일을 설명하거나 묻거나 시키거나 제안하기 위하여 그 대상과 상관되는 상황을 미리 말할 때에 쓰는 경우는 연결 어미이다.
	예: 그 책을 다 읽는∨데 삼 일이 걸렸다. 사람을 돕는∨데에 애 어른이 어디 있겠습니까? 머리 아픈∨데 먹는 약 여기가 우리 고향인데 인심 좋고 경치 좋은 곳이지. 날씨가 추운데 외투를 입고 나가거라. ※ '올데갈데없다'는 '(사람이) 머물러 살 곳이나 의지할 곳이 전혀 없다'는 형용사로 한 단어이므로 붙여 쓴다. 예: 갑작스러운 화재로 마을 사람들은 한순간에 올데갈데없게 되었다.
⑧	'차(次)': 명사 뒤에 붙어서 '목적'의 뜻을 더하는 경우에는 접미사이고, 용언의 관형사형 뒤에서 어떠한 일을 하려는 바로 그 순간이나 그 기회를 나타날 때는 의존 명사이므로 띄어 쓴다.
	예: 인사차 들렀다. 사업차 외국에 갔다. 고향에 갔던∨차에 선을 보았다. 마침 가려던∨차였다
⑨	'판': 명사 뒤에서 합성어를 이룰 때는 붙여 쓰고, 수 관형사 뒤에서 승부를 겨루는 일을 세는 단위를 나타낼 때는 의존 명사이므로 띄어 쓴다.
	예: 노름판, 씨름판, 웃음판 오늘 형과 바둑을 두∨판, 장기를 세∨판이나 두었다.
⑩	'밖에': 체언 뒤에 붙어 '그것 말고는', '그것 이외에는'의 뜻을 나타낼 때는 조사이고, '일정한 한도나 범위에 들지 않는 나머지 다른 부분이나 일' 또는 '무엇에 의하여 둘러싸이지 않은 공간, 또는 그쪽'을 뜻할 때는 명사이다.
	예: 공부밖에 모르는 학생 나를 알아주는 사람은 너밖에 없다. 그녀는 기대∨밖의 높은 점수를 얻었다 창문∨밖을 볼까?
⑪	'같이': '둘 이상의 사람이나 사물이 함께', '어떤 상황이나 행동 따위와 다름이 없이'의 뜻일 때는 부사이므로 띄어 쓴다. '앞말이 보이는 전형적인 특징처럼'의 뜻이라면 조사이므로 붙여 쓴다.
	예: 예상한 바와∨같이 주가가 크게 떨어졌다. 그녀는 얼음같이 차갑게 나를 대했다.

⑫	'간(間)': '한 대상에서 다른 대상까지의 사이'라는 뜻일 경우는 의존명사이므로 띄어 쓴다. 기간을 나타내는 일부 명사 뒤에 붙어 '동안'의 뜻을 가질 때는 접미사라서 붙여 쓴다.
	예: 울산 부산∨간 야간열차 부모와 자식∨간에도 예의는 지켜야 한다. 이틀간, 한 달간
⑬	'중(中)'이 '여럿의 가운데', '무엇을 하는 동안', '어떤 상태에 있는 동안', '어떤 시간의 한계를 넘지 않는 동안'의 뜻일 때는 의존 명사이므로 띄어 쓴다. 다만 '은연중(에)', '무의식중(에)'의 경우 한 단어이므로 붙여 쓴다.
	예: 영웅 중의 영웅 공사 중, 회의 중, 근무 중 임신 중, 수감 중 과제는 오전 중으로 제출하겠습니다. ※ '상(上)'이 '물체의 위나 위쪽'을 이르거나 '그것과 관계된 입장' 또는 '그것에 따름'과 같은 추상적인 뜻을 지닐 때, '구체적인 또는 추상적인 공간에서의 한 위치'를 뜻할 때는 모두 접미사이므로 붙여 쓴다. 예: 지구상의 생물 도로상에서 주웠다. 관계상, 미관상, 사실상, 외관상, 절차상 인터넷상의 가상공간 통신상의 장애 ※ '하(下)'가 '그것과 관련된 조건이나 환경'을 뜻하거나 '(일부 명사 뒤에서)아래 또는 아래쪽이나 밑'을 뜻할 경우 모두 접미사이므로 붙여 쓴다. 예: 식민지하, 지도하 선반하 적치 금지

(3) 단위 명사의 띄어쓰기

<table>
<tr><td rowspan="4">①</td><td>단위를 나타내는 명사는 띄어 쓰고, 단위를 나타내는 의존 명사는 그 앞의 수관형사와 띄어 쓴다.</td></tr>
<tr><td>예: 나무∨한∨그루, 고기∨두∨근

※ 한∨번/한번: '1회'의 횟수를 의미할 때는 띄어 쓰고, '시도'의 의미일 때는 붙여 쓴다.

예: 나는 제주도에 한∨번 가 보았어.(횟수)
이거 한번 먹어 보자.(시도)</td></tr>
<tr><td>다만, 순서를 나타내는 경우나 숫자와 함께 쓰이는 경우에는 붙여 쓸 수 있다.</td></tr>
<tr><td>예: 제삼∨장(원칙) / 제삼장(허용)
제7∨항(원칙) / 제7항(허용)
두∨시 삼십∨분 오∨초(원칙) /두시 삼십분 오초(허용)
2 시간(원칙) / 2시간(허용)</td></tr>
</table>

(4) 수의 띄어쓰기

<table>
<tr><td rowspan="2">①</td><td>수를 적을 때는 '만(萬)' 단위로 띄어 쓴다.</td></tr>
<tr><td>예: 십이억∨삼천사백오십육만∨칠천팔백구십팔

※ 금액을 적을 때는 변조(變造) 등의 사고를 방지하려는 뜻에서 붙여 쓰는 게 관례이다.

예: 일금 삼십일만오천육백칠십팔원정</td></tr>
</table>

(5) 나열하거나 연결하는 말의 띄어쓰기

①	'겸', '내지', '대', ' 및', '또는', '혹은', '등', '따위'는 앞말과 띄어 쓴다.
	예: 아침∨겸 점심, 구경도 할∨겸 물건도 살∨겸 열 명∨내지 스무 명 한국∨대 일본, 5∨대 3 원서 교부∨및 접수 수박∨또는 참외, 중학생∨혹은 고등학생 과자, 과일, 식혜∨등 먹을 것이 많다. 배추, 상추, 무∨따위, 너∨따위가 감히 그런 말을 하다니. ※ '대-'가 명사 앞에 붙어서 '그것을 상대로 한', '그것에 대항하는'의 뜻을 더할 경우에는 접두사로 쓰인 것이므로 뒤에 오는 말에 붙여 쓴다. 예: 대일(對日) 무역, 대국민 담화

(6) 보조용언의 띄어쓰기

보조용언은 원칙적으로 띄어 쓴다. 붙여 씀을 허용하는 경우는 다음과 같다.

①	연결어미 '-아/-어' 뒤에 보조용언이 결합한 경우 붙여씀을 허용한다. 단, '지다', '하다'가 오는 경우 반드시 붙여 쓴다.
	예: 깨뜨려∨버렸다, 깨뜨려버렸다 알려∨주다, 알려주다 들춰∨보다, 들춰보다 옮겨∨놓다, 옮겨놓다 만들어지다, 행복해하다
②	의존명사 '만, 듯, 법, 척, 체' 뒤에 '하다'나 '싶다'가 붙는 경우 붙여 쓸 수 있다. 다만, 앞말에 조사가 붙거나 앞말이 합성 용언인 경우, 그리고 중간에 조사가 들어갈 때는 그 뒤에 오는 보조용언을 띄어 쓴다.
	예: 할∨만하다, 할만하다 비가 올∨듯하다, 비가 올듯하다 잘난∨척한나, 잘난척한나 이런 기회는 다시없을∨듯하다 잘난 체를∨한다

③	본용언과 보조용언이 합성어를 이룬 경우에는 반드시 붙여 쓴다.
	예: 도와주다, 물어보다, 돌려놓다
④	보조용언이 거듭 나타나는 경우는 앞의 보조용언만을 붙여 쓸 수 있다.
	예: 적어∨둘∨만하다, 적어둘∨만하다 읽어∨볼∨만하다, 읽어볼∨만하다

(7) 고유명사의 띄어쓰기

①	성과 이름, 성과 호 등은 붙여 쓰고, 이에 덧붙는 호칭어, 관직명 등은 띄어 쓴다. 단, 성과 이름을 혼동할 우려가 있을 때는 띄어 쓸 수 있다.
	예: 김양수, 서화담(서경덕), 채영신∨씨, 최치원∨선생, 박동식∨박사 선우 진('선우'씨인 '진') / 선 우진('선'씨인 '우진') ※ '씨'가 성씨 전체를 가리킬 때는 접미사이므로 앞말에 붙여 쓴다. 예: 제 성은 남씨입니다 최씨 문중

(8) 그 외 띄어쓰기

①	한 단어로 굳어진 경우에는 붙여 쓴다.
	예: 거침없이, 못지않게, 쏜살같이 그때, 이쪽, 그곳

학습활동 2

다음 문장에서 띄어쓰기가 바르게 된 표현을 골라 보자.

(1) 요즘에는 한겨울에도 딸기, 포도, 수박, (①참외들 ②참외 들)을 먹을 수 있다.

(2) (①너뿐 ②너 뿐) 아니라 나도 몹시 피곤하다.
　그들은 서로 얼굴만 (①쳐다볼뿐 ②쳐다볼 뿐) 말이 없었다.

(3) (①말하는대로 ②말하는 대로) 될 수 있다곤 믿지 않았지.
　모든 일은 (①법대로 ②법 대로) 처리하기로 했다.

(4) 동생도 (①형만큼 ②형 만큼) 키가 크다.
　나는 네게 (①기대한만큼 ②기대한 만큼) 실망도 크다.

(5) 이건 (①너만 ②너 만) 알고 있어.
　아버지는 (①일주일만에 ②일주일 만에) 혼수상태에서 깨어나셨다.

(6) 우리 과에 (①김씨 ②김 씨)가 몇 명이지?
　경비원 중 키가 제일 큰 (①김씨 ②김 씨) 아저씨가 가장 친절하다.

(7) 요즘은 많은 사람들이 직업을 (①선택하는데 ②선택하는 데) 중요한 기준으로 수입을 꼽는다.

(8) 그 음식 맛있는데 (①한번 ②한 번) 먹어보세요.
　단 (①한번 ②한 번)이라도 좋으니 그의 얼굴을 볼 수 있었으면.

(9) 그 교수는 (①연구차 ②연구 차) 미국에 방문했다.
　영화를 보러 (①나갔던차에 ②나갔던 차에) 저녁까지 먹고 귀가했다.

(10) 지금은 (①만 원밖에 ②만 원 밖에) 없다.
　그것은 (①예상밖의 ②예상 밖의) 사고였다.

(11) 일기예보에서는 (①며칠간 ②며칠 간) 바람이 강하게 불 것이라고 했다.
　집과 (①학교간 ②학교 간) 거리가 가까워 편하게 통학하고 있다.

(12) 아직 (①수업중 ②수업 중)입니다.

나는 (①무의식중에 ②무의식 중에) 그의 손을 잡았다.

(13) 그는 (①소설가겸 ②소설가 겸) 방송인으로 유명하다.

(14) (①너따위가 ②너 따위가) 참견할 일이 아니다.

(15) 할머니께서는 동생의 말대꾸에 몹시 (①노여워하셨다 ②노여워 하셨다).

3) 바른 단어

(1) 바른 고유어

①	다르다: 같지 않다. 틀리다: 맞지 않다.
②	가늘다: 길이에 비해 너비가 좁거나 둘레의 굵기가 작다. ※ 얇다: (두께가) 보통의 것에 비해 작다. 굵다: 몸통의 둘레나 너비가 크고 넓다. ※ 두껍다: (두께가) 보통의 정도보다 크다.
③	덕분: 일이 좋은 결과를 얻게 된 원인이나 조건에 사용 탓: 잘못된 일이나 부정적 현상을 야기한 원인이나 까닭에 사용
④	내려다보다: 위에서 아래로 향하여 보다. 쳐다보다: 얼굴을 들어 바로, 또는 위를 향하여 보다.
⑤	우리나라: '저희'는 말하는 이보다 듣는 이가 나이가 많거나 신분이 높아 우월한 위치에 있는 경우에 사용된다. 그런데 단체와 단체, 나라와 나라 사이에는 비록 힘의 차이는 있다 하더라도 평등한 위치에 있는 존재들로 생각되므로 높임과 낮춤의 대상이 될 수 없다. 따라서 '저희나라'가 아니라 '우리나라'라고 쓴다.

(2) 비슷한 고유어

①	가르치다: 깨닫거나 익히게 하다. 가리키다: 특별히 짚어 보이거나 알리다.
②	가름: 둘 이상으로 따로따로 나누는 일 또는 사물이나 상황을 구별하거나 분별하는 일 갈음: 어떤 것을 다른 무엇으로 바꾸어 대신함
③	껍질: 딱딱하지 않은 물체의 겉을 싸고 있는 물질의 막 껍데기: 달걀이나 조개 같은 것의 겉을 싸고 있는 단단한 물질

④	**늘이다**: 당겨서 더 길게 하다 위에서 아래로 길게 처지게 하다.
	늘리다: 이전보다 많아지게 하다.
⑤	**닫히다**: ('닫다'의 피동사) 도로 제자리로 가게 되어 안과 밖 사이가 통하지 못하다.
	닫치다: 힘을 세게 주어 다시 제자리로 가게 하다.
⑥	**맞추다**: 둘 이상의 일정한 대상들을 나란히 놓고 비교하여 살피다.
	맞히다: 옳게 답을 하다 (목표를) 적중하다.
⑦	**받치다**: 물건의 밑이나 옆 따위에 다른 물체를 대다. 어떤 일을 잘할 수 있도록 뒷받침해 주다.
	받히다: ('받다'의 피동사) 세게 밀어 부딪침을 당하다.
	밭치다: 체 같은 데에 부어서 국물만 받아 내다.
⑧	**부딪치다**: ('부딪다'를 강조하는 말) 둘 이상의 사물이 매우 세차게 가 닿다. 계획이나 꿈, 일 따위가 어떤 어려움이나 장애에 마주 대하게 되다. 어떤 곳에서 갑작스럽게 대하거나 만나다. 의견이나 생각이 달라 싸우다.
	부딪히다: ('부딪다'의 피동사) 둘 이상의 사람이나 사물이) 힘있게 닿아지다.
⑨	**부치다**: 편지나 물건 따위를 상대에게 보내다. 모자라거나 미치지 못하다. 논밭을 이용하여 농사를 짓다. 프라이팬 따위에 기름을 바르고 빈대떡 따위의 음식을 만들다. 어떤 행사나 특별한 날에 즈음하여 어떤 의견을 나타내다. 더이상 거론하지 않는 상태로 있게 하다.
	붙이다: 맞닿아 떨어지지 아니하게 하다. 물체와 물체 따위를 서로 바짝 가깝게 놓다. 겨루는 일 따위가 서로 어울려 시작되게 하다. 불을 옮겨 타게 하다. 사람 등을 딸려 붙게 하다. 조건, 이유, 구실 따위를 달다. 어떤 감정이나 감각이 생겨나게 하다. 이름 따위를 만들어 주다.
⑩	**썩이다**: 근심이나 걱정으로 몹시 힘들고 괴로운 상태가 되게 하다.
	썩히다: 제 용도에 따라 운용하거나 이용하지 않고 내버려두다. 균의 작용으로 악취가 생기거나 상하게 하다.

⑪	아름: 두 팔을 둥글게 모아서 만든 둘레 또는 그러한 둘레의 길이
	알음: 사람끼리 서로 아는 일 지식이나 지혜가 있음
	앎: 배우거나 경험하여 모르던 것을 깨달음. 또는 깨달은 것
⑫	안치다: 음식을 만들기 위하여 그 재료를 솥이나 냄비 따위에 넣고 불 위에 올리다.
	앉히다: ('앉다'의 사동사) 앉게 하다.
⑬	어름: 두 사물의 끝이 맞닿은 자리 구역과 구역의 경계점
	얼음: 물이 얼어서 굳어진 물질
⑭	이슥하다: (밤이) 꽤 깊다.
	으슥하다: (장소가) 깊숙하고 외지다. (주변 환경이나 분위기가) 무시무시하도록 조용하고 어둡다.
⑮	이따가: 조금 지난 뒤에
	있다가: '있다'의 '있-'에 어떤 동작이나 상태가 끝나고 다른 동작이나 상태로 옮겨지는 뜻을 나타내는 어미 '-다가'가 붙은 형태
⑯	조리다: 양념을 한 고기나 생선, 채소 따위를 국물에 넣고 바짝 끓여서 양념이 배어들게 하다
	졸이다: 속을 태우다시피 초조해하다
⑰	좇다: 그대로 따라가다 가치 있게 여겨 추구하다.
	쫓다: 떠나도록 몰아내다.
⑱	주리다: 제대로 먹지 못하여 배를 곯다
	줄이다: ('줄다'의 사동사) 적어지거나 작아지게 하다.
⑲	한창: 어떤 일이 가장 활기 있고 왕성하게 일어나는 때 또는 어떤 상태가 가장 무르익은 때
	한참: 시간이 상당히 지나는 동안
⑳	-노라고: 자기 나름대로 꽤 노력했음을 나타냄
	-느라고: 앞의 내용이 뒤에 오는 내용의 목적이나 원인이 됨을 나타냄

㉑	-(으)러: 가거나 오거나 하는 동작의 목적을 나타냄
	-(으)려(고): 어떤 행동을 할 의도나 욕망을 가지고 있음을 나타냄
㉒	-(으)므로: 까닭을 나타내는 어미('-(으)므로'에는 '써'가 결합하지 않음)
	-(으)ㅁ으로(써): '-(으)ㅁ'에 조사 '으로(써)'가 결합한 형태로, 수단이나 도구를 의미함

(3) 복수 표준어

현재 표준어	추가된 표준어	뜻이나 어감 차이
간질이다	간지럽히다	살갗을 문지르거나 건드려 간지럽게 하다.
개개다	개기다	개기다: (속되게) 명령이나 지시를 따르지 않고 버티거나 반항하다. 개개다: 성가시게 달라붙어 손해를 끼치다.
괴발개발	개발새발	글씨를 되는대로 아무렇게나 써 놓은 모양을 이르는 말 개발새발: 개의 발과 새의 발 괴발개발: 고양이의 발과 개의 발
거치적거리다	걸리적거리다	거추장스럽게 자꾸 여기저기 걸리거나 닿다.
건울음	겉울음	겉울음: 드러내 놓고 우는 울음 마음에도 없이 겉으로만 우는 울음 건울음: 눈물 없이 우는 울음, 또는 억지로 우는 울음
-고 싶다	-고프다	'-고 싶다'가 줄어든 말
굽실	굽신	고개나 허리를 가볍게 구푸렸다 펴는 모양 남의 비위를 맞추느라고 비굴하게 행동하는 모양
-기에	-길래	-길래: '-기에'의 구어적 표현
까다롭다	까탈스럽다	조건이나 규정 따위가 복잡하고 엄격하여 적응하거나 적용하기에 어려운 데가 있다. 성미나 취향 따위가 원만하지 않고 별스러워 맞춰 주기에 어려운 데가 있다.
꺼림칙하다	꺼림직하다	마음에 걸려서 언짢고 싫은 느낌이 있다.
께름칙하다	께름직하다	마음에 걸려서 언짢고 싫은 느낌이 꽤 있다.

현재 표준어	추가된 표준어	뜻이나 어감 차이
꾀다	꼬시다	그럴듯한 말이나 행동으로 남을 속이거나 부추겨서 자기 생각대로 끌다.
끼적거리다	끄적거리다	글씨나 그림 따위를 아무렇게나 자꾸 막 쓰거나 그리다.
날개	나래	흔히 문학 작품 따위에서, '날개'를 이르는 말
남우세스럽다	남사스럽다	남에게 놀림과 비웃음을 받을 듯하다.
냄새	내음	코로 맡을 수 있는 나쁘지 않거나 향기로운 기운. 주로 문학적 표현에 쓰인다.
눈초리	눈꼬리	귀 쪽으로 가늘게 좁혀진 눈의 가장자리
두루뭉술하다	두리뭉실하다	특별히 모나거나 튀지 않고 둥그스름하다. 말이나 태도 따위가 확실하거나 분명하지 아니하다.
딴죽	딴지	딴지: (주로 '걸다, 놓다'와 함께 쓰여) 일이 순순히 진행되지 못하도록 훼방을 놓거나 어기대는 것 딴죽: 이미 동의하거나 약속한 일에 대하여 딴전을 부림을 비유적으로 이르는 말
떨어뜨리다	떨구다	시선을 아래로 향하다. 고개를 아래로 숙이다.
뜰	뜨락	앞말이 가리키는 것이 존재하거나 깃들어 있는 추상적 공간을 비유적으로 이르는 말
마을	마실	이웃에 놀러 다니는 일
마 마라 마요	말아 말아라 말아요	'말다'에 명령형 어미 '-아', '-아라', '-아요' 등이 결합하면 어간 끝의 'ㄹ'이 탈락하기도 하고 탈락하지 않기도 함
만날	맨날	매일같이 계속하여서
맨송맨송	맨숭맨숭/ 맹숭맹숭	몸에 털이 있어야 할 곳에 털이 없어 반반한 모양 술을 마시고도 취하지 아니하여 정신이 말짱한 모양
먹을거리	먹거리	사람이 살아가기 위하여 먹는 음식을 통틀어 이름
메우다	메꾸다	시간을 적당히 또는 그럭저럭 보내다.
묏자리	묫자리	뫼(사람의 무덤)를 쓸 자리, 또는 쓴 자리
바동바동	바둥바둥	덩치가 작은 것이 매달리거나 자빠지거나 주저앉아서 자꾸 팔다리를 내저으며 움직이는 모양 힘에 겨운 처지에서 벗어나려고 애를 바득바득 쓰는 모양

현재 표준어	추가된 표준어	뜻이나 어감 차이
복사뼈	복숭아뼈	발목 부근에 안팎으로 둥글게 나온 뼈
삐치다	삐지다	성나거나 못마땅해서 마음이 토라지다.
사그라지다	사그라들다	사그라들다: 삭아서 없어져 가다. 사그라지다: 삭아서 없어지다. 기운이나 현상 따위가 가라앉거나 없어지다.
새치름하다	새초롬하다	조금 쌀쌀맞게 시치미를 떼는 태도가 있다.
섬뜩	섬찟	갑자기 소름이 끼치도록 무시무시하고 끔찍한 느낌이 드는 모양
손자(孫子)	손주	손자와 손녀를 아울러 이르는 말
쌉싸래하다	쌉싸름하다	조금 쓴 맛이 있는 듯하다.
아옹다옹	아웅다웅	대수롭지 아니한 일로 서로 자꾸 다투는 모양, '아옹다옹'보다 큰 느낌을 준다.
야멸치다	야멸차다	자기만 생각하고 남의 사정을 돌볼 마음이 거의 없다. 태도가 차고 야무지다.
어수룩하다	어리숙하다	겉모습이나 언행이 치밀하지 못하여 순진하고 어리석은 데가 있다.
연방	연신	'연신'이 반복성을 강조한다면, '연방'은 연속성을 강조함
오순도순	오손도손	정답게 이야기하거나 의좋게 지내는 모양
의논(議論)	의론(議論)	의론(議論): 어떤 사안에 대하여 각자의 의견을 제기함, 또는 그런 의견 의논(議論): 어떤 일에 대하여 서로 의견을 주고받음
예쁘다	이쁘다	생긴 모양이 아름다워 눈으로 보기에 좋다.
이키	이크	당황하거나 놀랐을 때 내는 소리, '이키'보다 큰 느낌을 준다.
잎사귀	잎새	나무의 잎사귀. 주로 문학적 표현에 쓰인다.
주책없다	주책이다	'주책이다'는 '일정한 줏대가 없이 되는대로 하는 짓'을 뜻하는 '주책'에 서술격조사 '이다'가 붙은 말로 봄
자장면	짜장면	중국요리의 하나. 고기와 채소를 넣어 볶은 중국 된장에 국수를 비벼 먹는다.

현재 표준어	추가된 표준어	뜻이나 어감 차이
찌뿌듯하다	찌뿌둥하다	몸살이나 감기 따위로 몸이 무겁고 거북하다. 표정이나 기분이 밝지 못하고 언짢다. 비나 눈이 올 것같이 날씨가 궂거나 잔뜩 흐리다.
차지다	찰지다	반죽이나 밥, 떡 따위가 끈기가 많다.
치근거리다	추근거리다	조금 성가실 정도로 은근히 자꾸 귀찮게 굴다.
치켜세우다	추켜세우다	정도 이상으로 크게 칭찬하다.
추어올리다	추켜올리다 치켜올리다	옷이나 물건, 신체 일부 따위를 위로 가뜬하게 올리다. 실제보다 과장되게 칭찬하다.
태껸	택견	우리나라 고유의 전통 무예 가운데 하나
푸르다	푸르르다	'푸르다'를 강조할 때 이르는 말
품세	품새	태권도에서, 공격과 방어의 기본 기술을 연결한 연속 동작
허섭스레기	허접쓰레기	좋은 것이 빠지고 난 뒤에 남은 허름한 물건
허접스럽다	허접하다	허름하고 잡스럽다.

(4) 부정 표현

①	부정 표현으로 사용해야 하는 단어들은 다음과 같다.
	예: 안절부절못하다, 칠칠맞지 못하게, 밥맛없다, 재수없다 ※ 추가표준어로 인정된 예외는 다음과 같다. 예: 주책없다 / 주책이다

(5) 한자어

①	유례(類例): (주로 없거나 적다는 뜻의 서술어와 함께 쓰여) 같거나 비슷한 사례
	유래(由來): 사물이 어떤 것으로 말미암아 일어나거나 전하여 온 내력
②	반증(反證): 어떤 사실을 반박하기 위한 증거
	방증(傍證): 주변의 정황을 밝힘으로써 간접적으로 증명에 도움을 주는 증거
③	호송(護送): 목적지까지 보호하여 보냄 죄수나 형사 피고인을 목적지까지 감시하면서 데려감
	후송(後送): 부상자나 포로 등을 후방으로 보냄
④	곤욕(困辱): 심한 모욕, 참기 힘든 일
	곤혹(困惑): 곤란한 일을 당하여 어찌할 바를 모름
⑤	와중(渦中): (흔히 '와중에'의 꼴로 쓰여) 복잡하고 시끄러운 일이나 사건이 벌어지는 가운데
	도중(途中): 어떤 일이 진행되고 있는 동안 (주로 '도중에'의 꼴로 쓰여) 길을 가는 중간
⑥	묘령(妙齡): (주로 '묘령의'의 꼴로 쓰여) 여자의 스물 안팎의 나이
	재원(才媛): 재주나 재능이 있는 젊은 여자
⑦	갱신(更新): 존속 기간이 끝났을 때 그 기간을 연장하는 일
	경신(更新): 이미 있던 것을 고쳐 새롭게 함. 종전의 기록을 깨뜨림
⑧	일절(一切): 아주, 전혀, 절대로
	일체(一切): 모든 것
⑨	지향(指向): 어떤 목표나 방향으로 쏠리는 의지
	지양(止揚): 어떤 것을 하지 아니함
⑩	초토화(焦土化): 초목이나 건물 따위가 모두 불에 타 잿더미로 덮인 땅으로 변하게 됨.
	황폐화(荒廢化): 집, 토지 따위가 거두거나 돌보지 않아 거칠어지고 못 쓰는 상태로 됨

학습활동 3

다음 중 바른 표현을 골라 보자.

(1) 그는 나와 취향이 너무 (①다르다 ②틀리다).

(2) 그녀는 손목, 발목이 (①가늘어서 ②얇아서) 더 허약해 보인다.

(3) 이 문제 푸는 법 좀 (①가르쳐 ②가리켜) 줄래?

(4) 달걀 (①껍질 ②껍데기)는 음식물 쓰레기가 아니다.

(5) 일단 학생 수를 (①늘여서 ②늘려서) 학원을 운영하기로 했다.

(6) 이번 수학 시험에서 단순한 계산 문제는 다 (①맞췄다 ②맞혔다).

(7) 캔 옥수수는 체에 (①받쳐 ②받혀 ③밭쳐) 물에 헹군 뒤 사용하세요.

(8) 그 사람은 사실을 비밀에 (①부치기로 ②붙이기로) 했다.

(9) (①하노라고 ②하느라고) 했지만 결과는 기대에 미치지 못했다.

(10) 지금은 너무 바빠서 그래. (①이따가 ②있다가) 전화할게.

(11) 제사 준비로 모두가 바쁜 (①도중에도 ②와중에도) 큰누나는 소파에서 낮잠을 자고 있었다.

(12) 그는 아내가 분만실에 들어가자 (①안절부절못하고 ②안절부절하면서) 복도를 서성거렸다.

(13) 나는 사춘기 때 부모님 속을 많이 (①썩였다 ②썩혔다).

(14) 그는 부와 권력만을 (①좇아 ②쫓아) 살아온 과거를 후회했다.

(15) 요즘 선생님들은 학부모에게 선물을 (①일체 ②일절) 받지 않는다.

4) 외래어 표기법

외래어는 다른 언어에서 들어온 말이므로 원어의 언어적인 특징을 고려해서 적어야 한다. 따라서 '외래어 표기법'을 정하여 그에 따라 적는 것이 원칙이다. 외래어는 고유어, 한자어와 함께 국어의 어휘 체계에 정착한 어휘라고 할 수 있다.

〈외래어 표기의 원칙〉

1. 외래어는 국어의 현용 24 자모만으로 적는다.
2. 외래어의 1음운은 원칙적으로 1기호로 적는다.
3. 받침에는 'ㄱ, ㄴ, ㄹ, ㅁ, ㅂ, ㅅ, ㅇ'만을 쓴다.
4. 파열음 표기에는 된소리를 쓰지 않는 것을 원칙으로 한다.
5. 이미 굳어진 외래어는 관용을 존중하되, 그 범위와 용례는 따로 정한다.

(1) 영어의 표기

①	짧은 모음 다음의 어말 무성 파열음([p], [t], [k])은 받침으로 적는다. 이 경우 이외의 어말과 자음 앞의 [p], [t], [k]는 '으'를 붙여 적는다.
	예: gap[gæp] 갭, cat[kæt] 캣, book[buk] 북 part[pɑːt] 파트, desk[desk] 데스크, cake[keik] 케이크
②	어말과 모든 자음 앞에 오는 유성 파열음([b], [d], [g])은 '으'를 붙여 적는다.
	예: land[lænd] 랜드, zigzag[zigzæg] 지그재그, signal[signəl] 시그널
③	어말의 [ʃ]는 '시'로 적고, 자음 앞의 [ʃ]는 '슈'로, 모음 앞의 [ʃ]는 뒤따르는 모음에 따라 '샤', '섀', '셔', '셰', '쇼', '슈', '시'로 적는다.
	예: flash[flæʃ] 플래시, shark[ʃɑːk] 샤크, fashion[fæʃən] 패션, shopping[ʃɔpiŋ] 쇼핑

④	어말 또는 자음 앞의 [ʒ]는 '지'로 적고, 모음 앞의 [ʒ]는 'ㅈ'으로 적는다. 또, 어말 또는 자음 앞의 [ʦ], [ʣ]는 '츠', '즈'로 적고, [ʧ], [ʤ]는 '치', '지'로, 모음 앞의 [ʧ], [ʤ]는 'ㅊ', 'ㅈ'으로 적는다.
	예: mirage[mirɑːʒ] 미라지, vision[viʒən] 비전 switch[swiʧ] 스위치, bridge[briʤ] 브리지 chart[ʧɑːt] 차트, virgin[vəːʤin] 버진
⑤	어중의 [l]이 모음 앞에 오거나, 모음이 따르지 않는 비음([m], [n]) 앞에 올 때에는 'ㄹㄹ'로 적는다. 다만, 비음([m], [n]) 뒤의 [l]은 모음 앞에 오더라도 'ㄹ'로 적는다.
	예: slide[slaid] 슬라이드, film[film] 필름
⑥	중모음(重母音)은 각 단모음의 음가를 살려서 적되, [ou]는 '오'로, [auə]는 '아워'로 적는다.
	예: boat[bout] 보트, tower[tauə] 타워
⑦	따로 설 수 있는 말의 합성으로 이루어진 복합어는 그것을 구성하고 있는 말이 단독으로 쓰일 때의 표기대로 적는다.
	예: bookend[bukend] 북엔드, headlight[hedlait] 헤드라이트

(2) 인명, 지명의 표기

①	외국의 인명, 지명의 표기는 외래어 표기법의 규정을 따르는 것을 원칙으로 한다.
②	규정되지 않은 언어권의 인명, 지명은 원지음을 따르는 것을 원칙으로 한다.
	예: Ankara 앙카라, Gandhi 간디
③	원지음이 아닌 제3국의 발음으로 통용되고 있는 것은 관용을 따른다.
	예: Hague 헤이그, Caesar 시저
④	고유 명사의 번역명이 통용되는 경우 관용을 따른다.
	예: Pacific Ocean 태평양, Black Sea 흑해
⑤	중국 인명은 과거인과 현대인을 구분하여 과거인은 종전의 한자음대로 표기하고, 현대인은 원칙적으로 중국어 표기법에 따라 표기하되, 필요한 경우 한자를 병기한다. 그 경계에 있으며 우리 한자음으로 읽는 관용이 있는 경우 중국어 표기와 우리 한자음 표기를 모두 인정한다.
	예: 제갈량, 사마천 시진핑 마오쩌둥/모택동, 덩샤오핑/등소평

⑥	중국의 역사 지명으로서 현재 쓰이지 않는 것은 우리 한자음대로 하고, 현재 지명과 동일한 것은 중국어 표기법에 따라 표기하되, 필요한 경우 한자를 병기한다.
⑦	일본의 인명과 지명은 과거와 현대의 구분 없이 일본어 표기법에 따라 표기하는 것을 원칙으로 하되, 필요한 경우 한자를 병기한다.
⑧	중국 및 일본의 지명 가운데 한국 한자음으로 읽는 관용이 있는 것은 이를 허용한다. 예: 東京 도쿄, 동경, 上海 상하이, 상해, 臺灣 타이완, 대만

학습활동 4

다음 중 외래어 표기법에 맞는 표현을 골라 보자.

(1) 어제 여자 친구에게 (①악세사리 ②액세서리)를 선물했다.

(2) 이번 주말에는 (①커텐 ②커튼)을 빨아야겠다.

(3) 가까운 (①서비스 센터 ②써비스 쎈터)가 어디에 있지?

(4) 쌀쌀한 날씨에는 외출할 때 (①가디건 ②카디건)을 준비하는 게 좋다.

(5) 최근 디저트 (①부페 ②뷔페)가 부쩍 많아졌다.

(6) (①에어컨 ②에어콘)이 또 고장났어?

(7) 지도자에게는 강한 (①리더쉽 ②리더십)이 필요하다.

(8) 이번 동아리 모임에는 (①바비큐 ②바베큐) 파티를 할 거야.

(9) 알뜰한 사람들은 백화점보다 (①아울렛 ②아웃렛) 쇼핑을 즐기더라.

(10) 한 시간 후에 학교 앞 (①커피샵 ②커피샾 ③커피숍 ④커피숖)에서 만나.

(11) 그녀는 (①커트 ②컷트) 머리가 정말 잘 어울린다.

(12) 난 양송이 (①수프 ②스프) 먹을게.

(13) (①초콜렛 ②초콜릿) 좋아해?

(14) (① 프렌치프라이 ②후렌치후라이)는 오 백 원을 추가하면 드실 수 있습니다.

(15) 여기에서 제일 가까운 (①슈퍼마켈 ②슈퍼마켓 ③수퍼마켈 ④수퍼마켓)에 가서 장을 보자.

(16) 새로 나온 문어 맛 (①소시지 ②소세지) 먹어봤어?

(17) 그녀는 낮은 학력에 대하여 (①컴플렉스 ②콤플렉스)를 가지고 있다.

(18) 이 옷은 반드시 (①드라이클리닝 ②드라이크리닝) 하시기 바랍니다.

(19) 외국기업에 대한 (①로열티 ②로얄티) 지급액을 줄이기 위한 대책을 마련해야 한다.

(20) (①가스렌지 ②가스레인지)를 다룰 때는 항상 조심해야 한다.

(21) 타워 (①브리지 ②브릿지)는 런던의 대표적 관광명소이다.

(22) 어머니는 간식으로 (①도너츠 ②도넛)을 주셨다.

(23) 선거 때문인지 길에 (①플래카드 ②플랭카드)가 부쩍 많아졌다.

(24) 그녀의 감동적인 피아노 연주가 끝나자 관객들은 모두 (①앵콜 ②앙코르)을 외쳤다.

(25) 대표팀은 아시안게임에 참가하기 위해 (①항주 ②항저우)로 출발했다.

5) 국어의 로마자 표기법

〈로마자 표기의 원칙〉

1. 국어의 로마자 표기는 국어의 표준 발음법에 따라 적는 것을 원칙으로 한다.
2. 로마자 이외의 부호는 되도록 사용하지 않는다.

(1) 모음

① 단모음 표기는 다음과 같다.

ㅏ	ㅓ	ㅗ	ㅜ	ㅡ	ㅣ	ㅐ	ㅔ	ㅚ	ㅟ
a	eo	o	u	eu	i	ae	e	oe	wi

② 이중 모음 표기는 다음을 따른다.

ㅑ	ㅕ	ㅛ	ㅠ	ㅒ	ㅖ	ㅘ	ㅙ	ㅝ	ㅞ	ㅢ
ya	yeo	yo	yu	yae	ye	wa	wae	wo	we	ui

※ 'ㅢ'는 'ㅣ'로 소리 나더라도 ui로 적는다.

예: 광희문 Gwanghuimun

(2) 자음

①

파열음 표기는 다음과 같다.

ㄱ	ㄲ	ㅋ	ㄷ	ㄸ	ㅌ	ㅂ	ㅃ	ㅍ
g, k	kk	k	d, t	tt	t	b, p	pp	p

※ 'ㄱ, ㄷ, ㅂ'은 모음 앞에서는 'g, d, b'로, 자음 앞이나 어말에서는 'k, t, p'로 적는다.

예: 구미 Gumi　영동 Yeongdong　백암 Baegam
옥천 Okcheon　합덕 Hapdeok　호법 Hobeop

②

파찰음 표기는 다음과 같다.

ㅈ	ㅉ	ㅊ
j	jj	ch

③

마찰음 표기는 다음과 같다.

ㅅ	ㅆ	ㅎ
s	ss	h

④

비음 표기는 다음과 같다.

ㄴ	ㅁ	ㅇ
n	m	ng

⑤

유음 표기는 다음과 같다.

ㄹ
r, l

※ 'ㄹ'은 모음 앞에서는 'r'로, 자음 앞이나 어말에서는 'l'로 적는다. 단, 'ㄹㄹ'은 'll'로 적는다.

예: 구리 Guri　설악 Seorak　대관령[대괄령] Daegwallyeong

(3) 음운 변화

①	자음 사이에서 동화 작용이 일어나는 경우 다음과 같이 표기한다.
	예: 백마[뱅마] Baengma　　신문로[신문노] Sinmunno 종로[종노] Jongno　　왕십리[왕심니] Wangsimni
②	'ㄴ, ㄹ'이 덧나는 경우 다음과 같이 표기한다.
	예: 학여울[항녀울] Hangnyeoul　　알약[알략] allyak
③	구개음화가 일어나는 경우 다음과 같이 표기한다.
	예: 해돋이[해도지] haedoji　　같이[가치] gachi 굳히다[구치다] guchida
④	'ㄱ, ㄷ, ㅂ, ㅈ'이 'ㅎ'과 합하여 거센소리로 소리 나는 경우
	예: 좋고[조코] joko　　놓다[노타] nota 잡혀[자펴] japyeo　　낳지[나치] nachi ※ 체언에서 'ㄱ, ㄷ, ㅂ' 뒤에 'ㅎ'이 따를 때에는 'ㅎ'을 밝혀 적는다. 예: 묵호 Mukho　　집현전 Jiphyeonjeon ※ 된소리되기는 표기에 반영하지 않는다. 예: 압구정 Apgujeong　　낙동강 Nakdonggang

(4) 기타

①	발음상 혼동의 우려가 있을 때는 음절 사이에 붙임표(-)를 쓸 수 있다.
	예: 중앙 Jung-ang　　해운대 Hae-undae
②	고유 명사는 첫 글자를 대문자로 적는다.
	예: 부산 Busan　　세종 Sejong

③	인명은 성과 이름의 순서로 띄어 쓴다. 이름은 붙여 쓰는 것을 원칙으로 하되 음절 사이에 붙임표(-)를 쓰는 것을 허용한다. 예: 민용하 Min Yongha (Min Yong-ha) 송나리 Song Nari (Song Na-ri) ※ 이름에서 일어나는 음운 변화는 표기에 반영하지 않는다. 예: 한복남 Han Boknam (Han Bok-nam) 홍빛나 Hong Bitna (Hong Bit-na)
④	'도, 시, 군, 구, 읍, 면, 리, 동'의 행정 구역 단위와 '가'는 각각 'do, si, gun, gu, eup, myeon, ri, dong, ga'로 적고, 그 앞에는 붙임표(-)를 넣는다. 예: 제주도 Jeju-do 의정부시 Uijeongbu-si 종로 2가 Jongno 2(i)-ga ※ '시, 군, 읍'의 행정 구역 단위는 생략할 수 있다. 예: 청주시 Cheongju 함평군 Hampyeong
⑤	자연 지물명, 문화재명, 인공 축조물명은 붙임표(-) 없이 붙여 쓴다. 예: 남산 Namsan 속리산 Songnisan 금강 Geumgang 독도 Dokdo 현충사 Hyeonchungsa 독립문 Dongnimmun
⑥	인명, 회사명, 단체명 등은 그동안 써 온 표기를 쓸 수 있다.

학습활동 5

다음 중 로마자 표기법에 맞는 표현을 골라 보자.

(1) 벚꽃	① beotkkot	② beokkot
(2) 울릉	① Uleung	② Ulleung
(3) 신라	① Sinla	② Silla
(4) 울산	① Ulsan	② Ulssan
(5) 서울	① seoul	② Seoul
(6) 당산동	① Dangsandong	② Dangsan-dong
(7) 다보탑	① Dabotap	② Dabo-tap

6) 정확하고 명료한 문장

(1) 문장은 짧게 쓴다

글에서 여러 내용을 나열하다 보면 문장이 길어진다. 그러면 적절한 접속어미를 사용하지 못하거나 호응관계가 맞지 않는 오류를 범하기 쉽다. 또 문장의 의미가 두 가지 이상으로 해석되어 자신이 표현하고자 하는 바가 모호해질 수 있다. 따라서 가능하면 문장은 짧게 쓰는 것이 좋다.

다음 문장은 지나치게 길어 문장의 의미가 잘 전달되지 않는 경우이다. 적절하게 끊어 짧은 문장으로 다시 써 보자.

> 자율주행자동차는 운전자 또는 승객의 조작 없이 스스로 운행이 가능한 자동차를 이르는 말인데, 다양한 종류의 센서와 차량사물통신을 이용하여 주변 환경을 인식하고, 위성 위치 확인 시스템(GPS)의 위치 정보와 도로 정보를 토대로 운전자의 개입 없이 주행 상황을 판단하여 스스로 차량을 제어하는 자동차이고, 자율주행은 지원하는 기능 정도에 따라 자율주행 레벨을 분류할 수 있어서 자율주행자동차의 경우 국제자동차기술자협회는 자율주행 레벨을 6단계로 분류하였다.

→

(2) 문장 성분 간 호응 관계에 유의한다

좋은 문장은 주어, 목적어, 서술어 등 문장 구성 성분끼리 적절히 호응한 것이다. 문장 성분 간 호응이 잘 이루어지지 않으면 어색한 표현이 될 수 있다. 문장의 구성 성분에 주의하면서 다음 문장을 고쳐 보자.

① 기억할 점은 말이 아니라 실천이 중요하다.

→

② 강당에는 학부모들로 가득 차 있다.

→

(3) 정확한 조사를 사용한다

우리말은 조사가 매우 발달한 언어이다. 따라서 조사를 잘못 사용하면 문장의 의미가 제대로 전달되지 않거나 문법적으로 오류를 범할 수 있다. 조사의 사용에 주의하여 다음 문장을 고쳐 보자.

정부는 독도 문제를 일본에게 강력히 항의하였다.

→

(4) 번역 투 문장을 줄인다

외국어를 직역한 번역 투 문장은 의미 파악이 어렵거나 자연스러운 우리말 표현에 어울리지 않는 경우가 많다. 다음 문장을 자연스러운 우리말 표현으로 고쳐 보자.

① 악성 댓글이나 허위 정보로 누군가에게 깊은 상처를 준 사람들에게는 '잊혀질 권리'가 없다고 생각한다.

→

② 좋은 사람 있으면 소개시켜 줘.

→

③ 독서할 때 가장 중요한 것 중의 하나는 책을 읽는 목적을 설정하는 것이다.

→

④ 나는 많은 친구를 가지고 있다.

→

(5) 문법적으로 대등한 것을 병치한다

'A와 B', 'A 또는 B', 'A하고 B하다'처럼 두 개 이상의 요소가 이어진 문장을 쓸 때 접속되는 두 요소는 대등한 문장 형태를 갖추어야 한다. 다시 말해 앞의 말이 명사라면 뒤의 말도 명사로, 앞의 말이 동사라면 뒤의 말도 동사로 문장의 형태를 통일한다.

다음 문장에서 이어진 두 요소가 대등한 형태를 갖추고 있는지 유의하면서 문장을 고쳐 보자.

① 나는 개성적인 디자인과 얼마나 가격이 합리적인가를 기준으로 옷을 구매한다.

→

② 겨울 등산 시 방한 장비를 잘 준비하지 않으면 체온이 급격히 떨어지거나 실족 위험이 있습니다.

→

(6) 중의적 표현을 피한다

글을 읽다 보면 문법적으로 맞는데도 내용을 정확하게 이해하기 어렵거나 무슨 말을 하는지 알 수 없는 경우가 있다. 쉽고 자연스럽게 이해되지 않는다면 좋은 문장이라고 할 수 없다. 따라서 정확한 의미 전달에 방해되는 중의적인 표현을 피하고, 의미를 분명하게 드러낼 수 있도록 하는 게 중요하다.

다음의 문장에서 나타난 중의성을 해소할 수 있도록 바르게 고쳐 보자.

① 그는 아버지와 형을 만났다.

→

② 나는 여행 사진을 정리하며 아름다운 도시의 강변을 떠올렸다.

→

학습활동 6

다음 문장을 바르게 고치세요.

(1) 황동혁 감독은 2021년 드라마 〈오징어 게임〉을 발표했는데, 비영어 드라마 최초의 에미상 주요 부문 수상작이다.

(2) 답안지에 샤프로 기재, 수정테이프가 떨어지거나, 이중 표기 등에 따른 불이익은 수험생 본인 책임입니다.

(3) 내가 이 학과를 선택하게 된 이유는 내가 공부하고 싶었던 분야라는 것이다.

(4) 그의 실력은 지나치게 과소평가되어 왔다.

(5) 우리는 우리의 목표를 결코 달성할 것이다.

(6) 이어서 총장님 말씀이 계시겠습니다.

(7) 최근 우리나라는 해외에서 대규모 건설사업 수주를 받았다.

(8) 이 배는 사람이나 화물을 싣고 하루에 두 번 운행한다.

(9) 이 기종의 카메라 기능은 앞으로 개선되리라고 생각되어진다.

(10) 친구들에게 소개시켜주고 싶은 너의 인생 영화는 뭐야?

(11) 자기에게 알맞는 공부 방법을 찾아야 한다.

(12) 이 소설에서 나오는 인물은 두 명이다.

(13) 짧은 시간과 비용 때문에 사업 수행이 어렵다.

(14) 이번 실험의 결과는 미리 예단할 수 없었다.

(15) 이 연구의 목적은 SNS 중독 청소년의 교육과 상담의 기초 자료를 제공하고자 시도되었다.

(16) 그녀는 많은 계획을 가지고 있다.

(17) 운동할 때 가장 중요한 것 중의 하나는 다치지 않도록 주의하는 것이다.

(18) 피곤하지만 그날의 일은 그날 마치는 것이 좋다.

(19) 장학금 문제는 지도교수에게 상의하십시오.

(20) 많은 학생들은 대학에서 이런 행사를 하는 것을 이해할 수 없다는 반응이다.

IV

글쓰기의 실제

지금까지 글쓰기의 기본에 대해 공부했다면, 이제는 보고서, 논문, 기획서, 칼럼, 문화비평문 등 다양한 양식의 글쓰기에 관해 알아보자.

우선 학업을 효과적으로 수행하기 위해서는 반드시 보고서나 논문 같은 학술적 글쓰기에 대한 이해와 연습이 필요하다. 보고서는 학술적 연구나 조사 결과 등을 정리하여 보고하기 위한 글이고, 논문은 어떤 주제에 대하여 학문적으로 연구한 결과를 일정한 형식을 갖추어 표현한 글이다. 논문은 자신이 연구한 새로운 사실을 논리적으로 증명해 내야 한다는 점에서 보고서와는 구별된다.

실용적 글쓰기는 일상생활을 하며 타인과 소통하고 일을 추진하는 등 실생활의 필요에 의해 쓰는 글을 가리킨다. 이력서, 자기소개서, 기획서, 이메일 등이 속하는데, 이 장에서는 기획서에 대해 알아보려고 한다. 기획서는 새로운 아이디어나 문제 해결 방안을 제시하는 설득이 목적인 비즈니스 문서이다.

마지막으로 비평적 글쓰기에 속하는 칼럼과 문화비평문을 학습해 보고자 한다. 비평이란 대상의 가치를 판단하고 의미를 평가하는 작업이다. 참과 거짓, 미추(美醜), 장단(長短) 등을 가리고 골라내는 작업이 비평이다. 비평의 대상은 사회적 이슈부터, 책이나 영화, 미술 등 예술작품에 이르기까지 다양하다. 칼럼과 문화비평문을 읽고 써 보면서 사회와 문화에 대한 관심을 확장하고 비판적 자세를 갖추도록 하자.

"내가 더 멀리 볼 수 있었다면, 그것은 거인의 어깨 위에 서 있었기 때문이다."

– 아이작 뉴튼(Isaac Newton)

1
보고서

보고서(報告書, report)는 다양한 분야에서 행해진 연구, 조사, 관찰, 실험, 답사, 감상 등의 결과를 일정한 양식에 맞게 작성한 글이다. 보고서는 기술하고자 하는 대상이나 방법, 형식에 따라 분류할 수 있는데 대학생이 주로 쓰게 되는 것은 대학의 수업 과정 중에 제출하는 학습 보고서와 실험 보고서이다.

보고서의 경우 항상 특정한 독자, 즉 보고 대상자가 있다는 것을 생각하며 글을 써야 한다. 대학에서는 교수자가 교과 과정을 진행하며 학습자에게 보고서 제출을 요구한다. 이는 학습자들이 과제를 해결하는 과정을 통해 심화 학습으로 나아갈 수 있도록 동기를 부여하기 위한 것이다. 학습자들은 보고서를 기획하고 작성하면서 다양한 경험을 통해 문제해결 능력을 기르고 지적 능력과 표현력, 분석력 등을 함양할 수 있다. 보고서를 작성하고 제출하는 과정에서 학습자들은 교수자와 상호 소통하며 피드백을 받는다. 보고서를 잘 쓰기 위해서는 교수자의 의도를 정확히 알고, 보고서를 통해 자신이 표현하고자 하는 바를 효과적으로 나타낼 수 있도록 보고서의 내용과 형식에 주의를 기울여야 한다.

〈보고서 작성 시 유의할 점〉

1. 과제의 목적과 성격을 정확히 이해해야 한다.
2. 자신만의 관점으로 창의적인 보고서를 쓰도록 노력해야 한다.
3. 다양한 자료를 참고하여 새로운 관점과 연구 방법을 모색해야 한다.
4. 객관성 확보가 필요한 글쓰기의 경우 수사적 표현은 피해야 한다.
5. 성실하고 정직한 자세로 써야 한다. 타인이 작성한 것을 그대로 가져오거나 출처를 밝히지 않고 자신의 글에 사용해서는 안 된다.
6. 대학에서 제출하는 모든 학습보고서는 평가의 대상이 될 수 있다는 사실을 기억하여 제출 기한과 제출 방식을 정확히 지켜야 한다.

1) 학습 보고서

(1) 보고서 형식

① 표지와 목차

대학에서 작성하는 보고서의 표지에는 '제목', '과목명', '담당 교수', '제출일', '제출자의 학과/학번/성명' 등을 적는다. 표지 없이 작성하는 경우에는 위의 사항을 보고서의 상단에 기록한다. 대학 보고서에서 표지가 있는 경우에는 표지 다음에 목차를 상세히 적어두는 것이 좋다. 주로 '서론, 본론, 결론' 순으로 구성하고, 본론 부분에 장, 절, 항 등의 하위 항목을 구분하여 적는다.

가짜 뉴스 인식 및 대응방안

과목명 :
담당교수명 :
제출일 :
제출자 :

목 차

가짜 뉴스 인식 및 대응방안

학과____ 학번_____ 성명______

〈목 차〉

1. 머리말

오늘날 디지털 환경은 정보의 생산과 유통을 누구나 쉽게 할 수 있게 하여 정보 소비의 패턴을 근본적으로 변화시켰다. 그러나 이러한 발전은 부작용도 동반하며 그중 하나가 바로 가짜 뉴스의 확산이다. 가짜 뉴스는 정치적, 경제적, 사회적 의사결정에 심각한 혼란을 야기하며, 대중의 신뢰를 약화시키고 사회적 갈등을 심화시킨다. 특히, 선거와 같은 정치적 이벤트나 공중 보건 위기 상황에서 가짜 뉴스의 영향력은 더욱 커지고 있어 이에 대한 체계적인 대응의 필요성이 절실히 대두되고 있다.

2. 가짜 뉴스 개념과 특성

1) 가짜 뉴스의 정의

가짜 뉴스(Fake News)는 사실에 기반하지 않은 정보를 의도적으로 만들어 대중에게 전달하는 허위 정보를 의미한다. 이는 개인, 집단, 또는 기관의 정치적, 경제적, 또는 사회적 목적을 달성하기 위해 의도적으로 조작된 뉴스 형식을 취하는 경우가 많다. 가짜 뉴스는 주로 디지털 미디어와 소셜 네트워크를 통해 빠르게 확산되며, 사실처럼 보이는 콘텐츠 형식을 갖추고 있어 대중을 쉽게 속일 수 있다는 특징이 있다.

2) 가짜 뉴스의 특성

(1) 의도적 허위성

가짜 뉴스는 제작자의 의도에 따라 사실이 아닌 정보를 고의적으로 생성한다. (하략)

(2) 빠른 확산성

디지털 플랫폼과 소셜 미디어의 특성상, 클릭 유도 제목(Clickbait)과 감정적으로 자극적인 내용으로 대중의 관심을 끌며 빠르게 전파된다. (하략)

(3) 사실처럼 보이는 형식

신뢰할 수 있는 뉴스 기사처럼 보이도록 시각적, 언어적으로 구성된다. 예: 실제 언론사와 유사한 로고나 레이아웃 사용. (하략)

(4) 심리적 효과

사람들의 확증 편향(Confirmation Bias)과 감정적 반응을 이용하여 신뢰성을 높이고, 잘못된 정보를 사실로 믿게 만든다.(하략)

(5) 익명성 및 책임 회피

소셜 미디어에서 익명성을 활용해 출처를 추적하기 어렵게 만든다. (하략)

〈상: 겉표지가 있는 경우 / 하 : 겉표지가 없는 경우〉

② 본문

본문은 주로 서론, 본론, 결론으로 구성한다. 서론에서는 보고서의 목적이나 중요성, 주제 설정 이유 등을 설명한다. 본론은 과제에 필요한 자료를 정리하며 작성자의 생각을 구체적으로 드러내야 하는 부분이다. 따라서 정리한 자료를 적절하게 인용하며 주제와 관련하여 자신의 의견을 설득력 있고 논리적으로 전개해야 한다. 이때 인용한 자료는 반드시 주석의 형식을 갖추어 출처를 밝혀야 한다. 결론에서는 본론의 내용을 요약 정리하고, 본론에서 다룬 문제의 해결 방안을 제시하며 마무리한다.

③ 참고 문헌

본문에 인용한 자료는 반드시 참고 문헌 목록에 정리해야 한다. 참고 문헌 작성은 일반적으로 해당 학문 분야, 혹은 보고서를 요구하는 기관의 편집 규정 및 지침에 따라야 한다.

(2) 보고서 작성

① 주제 선정 및 자료 수집

보고서를 잘 쓰려면 무엇보다 주어진 과제의 성격을 정확히 파악해야 한다. 그래야 적절한 주제를 선택할 수 있고 그에 관련된 자료들을 효과적으로 수집·정리하여 완성도 높은 보고서를 작성할 수 있다. 자료를 수집할 때는 과제에 필요한 시간을 고려하여 자료의 종류, 자료 활용 방식 등을 생각하며 접근해야 한다.

자료 수집을 위해서는 우선 정확한 문헌 자료를 검색해야 한다. 신뢰성 있는 문헌 자료 검색을 위해서는 대학 도서관의 전자정보원을 이용하는 것이 바람직하다. 또한 도서관에 비치된 학술지나 연구 보고서 등을 살펴보면 최근의 학문 동향과 연구 방법론 등을 참고할 수 있다. 이 외에도 자료 검색 방법에서 배운 다양한 온라인 사이트를 이용해 자료를 검색할 수 있다.

② 자료 정리 및 개요 작성

수집한 자료는 단행본, 학위논문, 학술지 논문, 신문 잡지 기사, 인터넷 사이트, 영상자료 등으로 분류하여 목록을 작성하고 각 자료의 서지 사항을 정리해 두어야 한다. 서지사항에는 '저자명(편자, 역자), 책 이름, 출판사, 출판연도, 인용 면수' 등을 기록한다.

자료 정리 후에는 관련 주제에 따라 개요를 작성하고, 자료를 읽으면서 필요한 부분에 자료를 배치하면 집필할 때 도움이 된다.

〈자료 정리 시 주의할 점〉

1. 자료를 읽으면서 중요 항목에 따라 정리한다.
2. 서술형보다는 핵심이 되는 주제어를 중심으로 정리한다.
3. 서지 사항 (저자, 서명, 출판사, 출판연도, 면수)을 기록한다.
4. 직접 인용과 간접 인용을 정확히 구분하고, 참고한 서적의 면수를 기록한다.
5. 자료의 내용과 자신의 생각을 구분하여 정리한다.

③ 집필 및 퇴고

개요를 여러 번 수정하여 확정한 후에는 다음과 같은 사항에 유의하여 보고서를 집필한 후 퇴고의 과정을 거친다.

구분	내용
구성	- 자료를 여러 차례 읽으면서 초고를 구상한다. - 서론, 본론, 결론의 각 항목마다 필요한 내용과 원고 매수를 계산한다.
보고서 쓰기	- 보고서 문장의 요건 (정확성, 간결성, 평이성)을 갖춘다. - 각종 표기법과 숫자에 주의한다. - 정확한 어휘를 사용하고 이해하기 쉽게 표현한다. - 용어는 통일하고 부가 설명은 되도록 삼간다. - 아무리 중요한 것이라도 본문과 관련이 없으면 과감하게 버린다. - 주관적이고 감정적인 표현과 최상급 표현은 삼간다.

자료 표기	- 정확한 자료에 근거한다. - 자료의 출처를 명확히 밝힌다. - 조사, 통계 등의 자료를 이용할 때에는 도표를 본문에 배치한다. - 도표는 전후, 상호 간에 정확하게 들어맞도록 작성한다.
인용 표기	- 학문 분야와 전공에 따라 사용하는 양식이 다르므로 그에 맞게 작성한다. - 인용은 효과적으로 사용하고 정확한 주석을 달아 표기한다.
참고 문헌 작성	- 본문에 인용된 문헌은 참고 문헌 목록에 반드시 제시한다. - 학회지나 발행처의 편집 규정 및 지침에 따르는 것을 원칙으로 한다. - 참고 문헌 작성 방식에 따라 작성한다.

학습활동 1

'기후위기 상황과 대응 방안'에 관한 보고서를 쓰기 위해 필요한 자료를 수집하여 각각의 항목에 맞게 출처를 적어 보자.

자료 종류	구분	출처
문헌 자료	단행본	
	학술지 논문	
	학위논문	
	웹사이트	
시청각 자료	영화	
	다큐멘터리	
	강연	
	뉴스 자료	
설문 및 통계 자료	설문조사	
	통계자료	

학습활동 2

'학습활동 1'에서 찾아본 자료를 토대로 보고서를 쓰고자 한다. 글쓰기에 필요한 개요를 작성해 보자.

제목	
주제문	
개요	

2) 실험 보고서

실험보고서는 실험을 통해 얻게 된 새로운 지식과 정보, 실험 결과 등을 일정한 형식을 통해 정리한 글이다. 이공계 학생들은 실험을 통해 다양한 도구를 사용할 수 있는 조작 능력과 전공 지식을 배우게 된다. 실험을 효과적으로 수행하기 위해서는 실험 목적을 이해하고, 이를 바탕으로 실험과정을 예측하여 실험 계획을 세워야 한다. 이후 실험 과정을 실험 일지를 통해 세심하게 작성하고, 실험 과정과 분석 결과를 정리하여 실험 보고서를 써야 한다.

실험 보고서는 실험 결과를 효과적으로 전달하는 것이 주된 목적이기 때문에 주관적인 판단은 배제하고, 객관적 사실을 정확하게 전달할 수 있도록 작성해야 한다.

실험 보고서 작성 절차는 다음과 같다.

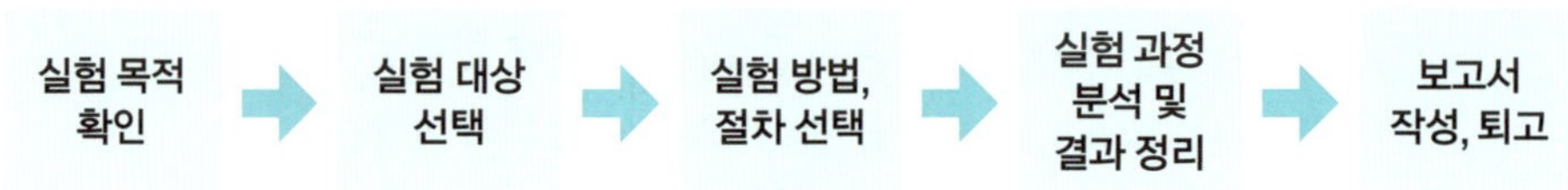

〈실험 보고서 작성 절차〉

(1) 실험 계획서

실험을 진행하기 전에는 실험 계획서를 작성한다. 실험 계획서에는 실험의 목적과 실험하고자 하는 대상에 대한 정보 및 이론적 배경을 구체적으로 적어야 한다. 또한 실험 후 예상되는 결과 및 시사점도 별도로 적어 둔다.

(2) 실험 일지

실험 보고서를 효과적으로 쓰려면 이론적 근거를 바탕으로 결과에 대한 가설을 세워두고 이를 확인하는 과정을 정확히 기록해야 한다. 실험 일지에는 일정한 조건에 따라 변화되는 데이터를 기록한다. 이때 얻은 각종 데이터를 근거로 보고서를 쓰게 된다. 그러므로 일지를 쓸 때는 작은 변수나 실험의 오차, 자신의 의견 등을 세심하게 적어야 한다. 당시에는 별일 아닌 것처럼 보였던 일이 실험 결과에 중요한 영향을 미칠 수 있기 때문이다. 실험을 정확히 수행하고 오류를 줄이기 위해서는 치밀한 계획과 기록이 필요하다.

〈실험일지 작성법〉

1. IMRAD 형식으로 기록한다.
   I(Introduction) : 서론은 실험한 날짜, 실험 번호, 실험 장소, 실험자, 실험 제목과 목적 등을 기록
   M(Materials and Methods) : 재료 및 방법은 실험에 사용하는 기구, 시약, 자세한 실험 방법, 계산식이나 통계 처리 방법 등을 기록
   R(Results) : 결과는 실험 및 관찰 결과, 대략적인 자료 해석 및 결론을 기록
   A(And) : 그리고
   D(Discussion) : 논의 혹은 토의에서는 개선 방향 및 향후 실험 방향을 기록
2. 한 면에 일지를 쓰고, 다른 한 면은 계산 또는 메모를 위해 비워둔다.
3. 실험 당일에 작성하는 것을 원칙으로 한다.

(3) 실험 보고서 작성

실험 보고서에는 실험에 필요한 기구와 장치를 제시하고, 순서에 따라 실험 과정을 기록해야 한다. 경우에 따라서는 실험 기구와 장치에 관한 시각적 자료를 첨부한다. 그림이나 도표를 활용하면 실험 내용을 효과적으로 전달하는 데 도움이 된다. 특히 실험 및 관찰 결과를 한눈에 알아볼 수 있도록 그래프나 차트를 활용하여 작성하기도 한다.

실험 보고서 구성 및 작성은 아래와 같이 정리할 수 있다.

구분	구성	작성 항목 및 요령
서두	겉표지	실험 제목, 제출 일자, 제출자
	목차	본문의 목차
본문	실험 제목	- 실험 제목은 한눈에 실험 내용을 파악할 수 있도록 명료하게 작성 - 열 단어 이하로 사실적 내용을 반영하여 작성 - 키워드를 사용, 인터넷 검색 엔진이 인식할 수 있게 작성 - 실험일시 및 실험 환경 기록 - 공동 실험자 성명 기록
	서론	- 보고서를 작성하는 배경과 목적, 내용과 범위 등 실험 전체의 개요 명시 - 선행 연구의 개요와 한계, 연구의 의미 기술
	실험 목적	- 실험 목적과 의도를 간략하고 명료하게 정리 - 실험 목적이 하나 이상일 경우에 개조식으로 작성 - 실험에서 측정·검증하고자 하는 것을 구체적으로 명시
	이론적 고찰	- 실험 목적 달성을 위해 사용하는 용어나 개념의 정의, 실험에 사용되는 물리량과 측정에 관련된 수식의 유도 등을 자세히 기술 - 실험 결과를 설명하는 이론적 고찰 정리 - 주관적인 판단 배제, 객관적 사실 전달
	실험 준비물	실험에 사용한 장비의 모델명(spec), 용량, 수량 등을 자세히 기록
	실험 방법	- 실험 과정을 상세히 설명 - 동일한 실험을 반복 실행할 경우 각 실험 내용에 따라 개선된 사항 기록 - 사용된 실험 재료 목록, 사용 방법, 실험 진행 사항 등을 기술 - 특별한 장비와 그 분석의 일반적인 이론 설명
	실험 결과	- 실험 결과는 정확하고 분명하게 기록 - 숫자나 데이터를 정확히 기입 - 오차나 다른 데이터 값과 일치하지 않는 값이 나온 경우도 기록 - 실험결과를 일목요연하게 볼 수 있도록 그래프, 도표로 정리
	고찰 및 결론	- 실험 결과를 해석하고 오류가 있을 경우 발생 원인 분석 - 실험 과정 중의 어려움, 문제점 등을 기록, 다음 실험에 대한 개선안 제시 - 실험 시 주의 사항과 개인적 경험을 기록하여 공유 - 실험 자료 해석 - 결과를 기존의 이론과 지식에 연관하여 해석 - 독창적인 가설을 수용하거나 기각하는 것을 논리적으로 설명 - 결론에서 실험을 간략히 설명하고 결과를 통한 핵심 내용 제시 - 앞서 제시한 이론이 실험을 통해 증명되는지 확인

마무리	참고 문헌	- 인용한 각종 서적 및 자료 제시 - 직접 참고한 도서를 제시하고, 일반적인 도서 목록은 기록하지 않음 - 참고 문헌 작성의 일반적 원칙에 따라 작성

〈실험 보고서 작성 시 유의할 점〉

1. 실험 목적과 실험 결과가 일치되어야 한다.
2. 실험 내용은 가감 없이 보고서에 담아 작성해야 한다.
3. 표나 그래프에는 실험의 결과가 시각적으로 잘 표현되어야 한다.
4. 실험 목적과 관련된 논점은 분명하게 부각시켜야 한다.
5. 독자를 고려하여 작성해야 한다.

2
논문

1) 논문의 성격

논문이란 어떤 주제에 대하여 학문적으로 연구한 결과를 일정한 형식을 갖추어 표현한 글이다. 논문은 이미 알려진 사실을 소개하거나 설명하는 단계에서 나아가, 자신이 연구한 새로운 사실을 논리적으로 증명해 내야 한다는 점에서 보고서와는 구별된다.

일반적으로 논문은 연구 논문(research paper)과 학위논문(thesis 또는 dissertation)으로 구분할 수 있다. 학술 활동의 결정체라고 할 수 있는 연구 논문은 전공 분야에서 연구한 결과를 일정한 양식과 체계에 맞추어 논리적·객관적으로 정리하여 전문 잡지나 학술지에 발표하는 글이다. 학위논문은 석사나 박사 학위 과정을 마치며 일정한 자격을 인정받기 위해 요구되는 것으로 학위 과정 중 연구한 내용을 종합하여 정리한 글이다. 학위논문은 내용과 형식 면에서 본격적인 연구 논문으로서의 요건을 갖추고 논문 작성 양식에 맞게 정확히 작성해야 한다.

2) 논문의 요건

논문은 관련 학문 분야에서 인정을 받아야 하는 공적인 글이다. 그러므로 관련 분야에서 공통적으로 요구하는 기준과 형식에 따라 작성해야 한다. 논문의 요건으로는 독창성, 정확성, 객관성, 불편성(不偏性), 검증성, 윤리성 등을 들 수 있다.

3) 논문 작성의 기본원칙

입론의 독창성	선행 연구에서 발전된 새로운 관점이나 논거들이 제시되어야 한다.
논지의 명확성	주장이나 판단이 실증적 근거와 합리적 논지 전개로 설득력 있게 전달되어야 한다.
논증의 타당성	주장이나 판단을 전개해 나가는 과정이 객관성을 확보하고 공적으로도 보편성을 인정받아야 한다.
구성의 통일성	논문을 구성할 때 항목별로 순서를 정하고 체계적으로 문단을 정리하여 결론에 이르러야 한다.
과정의 검증성	논문의 논증 과정이 타당하게 검증되어야 한다.
연구의 윤리성	논문에서 자신의 생각과 표현을 정확히 하고 인용과 주석을 통해 타인의 연구와 표현을 명확히 구분하는 윤리적 글쓰기를 해야 한다.

4) 논문의 체제

구분		내용
서두		- 표지 - 목차 (필요 시, 표 목차, 그림 목차 포함) - 국문 요약 - 영문 초록 (서두 또는 마무리에 수록)
본문	서론	- 문제 제기 및 연구 목적 제시 - 기존 연구 검토
	본론	- 주장을 뒷받침하기 위한 구체적인 논증 전개 - 논리적 비약을 피하고, 간결하고 분명하게 논의 구성 - 권위 있는 근거 자료 활용하여 논의 전개
	결론	- 연구 내용 요약 - 연구의 의의와 중요성 강조 - 남는 문제와 향후 연구 방향 제시
마무리		- 참고 문헌 - 부록 및 색인

5) 논문 작성 과정

(1) 논문 준비

논문 준비는 아래와 같이 진행할 수 있다.

선행 연구 검토를 통한 주제 선정 → 필요한 자료 수집 및 분석, 정리 → 문제 제기를 통한 연구목표 확정 → 주제를 한정하여 구체화하기 → 연구방법 확정

〈논문 준비 절차〉

① 논문 주제 선정

논문을 쓰기 위해서는 제일 먼저 주제를 선정해야 한다. 논문의 주제는 논문에서 다루고자 하는 핵심 내용으로 논문의 성패를 좌우할 만큼 중요한 부분이다. 논문의 주제는 자신의 전공이나 관심 분야에서 학문적인 의미를 갖고 깊이 있게 다룰 만한 것으로 선택해야 한다. 주제는 구체적이고 한정적으로 잡아야 명확한 결론을 얻을 수 있게 된다.

〈논문 주제 선정 시 유의할 점〉

1. 연구자의 관심과 열정이 있어야 한다.
2. 독창성이 있고 참신해야 한다.
3. 학문적 가치가 있고 사회적 필요성과 의미를 지닐 수 있어야 한다.
4. 연구의 범위와 깊이를 고려하여 실행 가능해야 한다.
5. 연구 방법은 현실적으로 수행이 가능해야 한다.
6. 연구 내용이나 방법이 윤리적 문제를 일으키지 않아야 한다.

② 자료 수집 및 정리

논문을 쓰기 위해서는 충분한 자료를 확보하는 것이 필요하다. 도서관이나 주요 인터넷 사이트를 통해 다양한 학술 자료를 검색할 경우 자료의 서지사항을 정확하게 기입해야 한다. 다른 사람의 자료나 글을 인용할 때에는 그 출처를 명확히 기록하고, 자신의 의견과 원문 내용을 명확히 분리하여 정리해야 한다.

자료는 몇 개의 범주로 분류하고, 주요 항목을 결정한다. 예를 들어 주제를 장, 절, 항 등으로 구성하였으면 이에 대한 항목을 어떻게 구성할 것인가를 생각하고 소주제별로 장을 구성해야 한다. 논문을 작성하려면 주제에 관련된 자료를 논문에 활용하기 편리하도록 정리하는 작업이 필요하다.

이공계 분야에서는 실험과 관찰, 측정, 조사 등의 방법을 통하여 자료를 수집해야 한다. 실험 및 관찰 데이터는 표나 그래프 또는 통계 등으로 정리해 두면 본문을 기술하는 데 도움이 된다.

이렇게 수집한 자료를 읽으면서 관심 주제에 대한 인식을 명확히 하고 논문의 구성을 생각해야 한다. 수집한 자료를 통해 문제의식과 당면 과제를 구분한 후, 논문의 목적과 필요를 만족시킬 수 있는 연구 방법을 찾아야 한다. 그런 다음, 선행 연구 및 관련 자료를 조사·검토하면서 정리한 내용을 토대로 결론을 만든다. 이어서 선택된 결론을 검증하기 위하여 다각적인 시각으로 문제에 접근하여 평가하고 연구 내용을 재정리하는 작업도 필요하다. 수집한 자료를 정리하면서 그 내용과 분량을 조절하고 자료의 재배열과 취사선택 과정을 진행한다. 구체적인 개요를 작성하기 위해 논지 전개에 부합하는 자료들이 적절하게 배치되었는지 살펴보아야 한다.

③ 개요 작성

자료 정리를 마친 후에는 개요를 작성해야 한다. 개요 작성은 논문을 쓰기 위해 가장 중요한 부분으로 체계적이고 짜임새 있게 구상해야 한다. 구상이란 논문의 주제를 어떤 범위 안에서 어떠한 방식으로 전개해 나갈 것인가를 구체적으로 결정하는 것을 말한다. 논문의 개요는 여러 번 수정하면서 완벽하게 준비해야 한다.

(2) 논문 작성 방법

① 논문 표지

논문 제목은 국문으로 하고, 필요할 경우 영문 제목도 함께 적는다. 논문의 제목은 전체 내용을 포괄하면서도 연구 주제가 구체적으로 드러날 수 있도록 작성해야 한다.

② 목차

학문 영역별로 목차를 작성하는 방법이 다를 수 있지만 모든 목차의 위계화는 필수다. 예컨대 서론, 본론, 결론 앞의 문자를 로마자로 썼다면 그 하위 항목은 아라비아 숫자로 써야 한다. 상위항목에서 하위 항목으로 내려갈 때는 들여쓰기를 해서 명확히 구분한다.

목차의 각 제목은 본문의 해당 제목과 일치하게 하고, 제목에 해당하는 본문의 쪽 번호를 기입한다. 목차의 각 제목은 장, 절의 2단계 또는 장, 절, 항의 3단계 정도로 나타낸다. 목차의 각 제목은 가능한 한, 한 줄로 표시한다. 목차는 별지에 작성해야 한다. 쪽 번호는 각 쪽의 하단 중앙에 로마자 소문자로 표시한다.

실험 및 관찰 데이터, 조사 및 통계 자료의 경우, 표와 그래프, 그림으로 본문에 수록하는 것이 내용을 파악하고 논지를 밝히는 데 편리하다. 표 목차와 그림 목차는 내용 목차 뒤에 차례로 넣어준다. 표와 그림의 번호와 제목은 본문의 것과 일치해야 한다. 부록에 있는 표와 그림도 표 목차와 그림 목차에 제시한다.

③ 논문 요약

논문 요약은 논문의 내용을 간결하고 포괄적으로 요약한 것으로 국문 초록(요약)과 영문 초록(Abstract)으로 작성한다. 실험 논문의 경우 연구 목적, 연구 방법, 주요 결과, 실험 결과가 지니는 의미 등에 대해 간결하고 명확하게 정리한다. 이론 연구일 경우에는 연구 목적, 연구 범위 및 방법론, 연구에 사용된 이론 설명, 기존 연구와의 차별성, 결론 및 시사점 등을 포함하여 정리한다.

④ 본문

논문의 본문은 서론, 본론, 결론의 삼단 구성이 일반적이다. 각각의 부분에 해당하는 내용과 기술 방법은 아래와 같다.

서론	- 문제 제기, 연구 대상에 대한 한정과 설명, 연구의 배경, 연구 목적 및 필요성, 연구 의의 등으로 전개 - 선행 연구사 포함 - 본격적인 논의에 앞서 앞으로 진행될 논의를 소개하는 부분이므로 전문적인 용어 사용 자제 - 인용이나 주석 사용 자제

본론	- 서론에서 제기된 문제들을 한정된 범위 내에서 특정한 연구방법에 따라 본격적으로 분석·평가·정리하는 논리적 고찰 시행 - 문헌 연구의 이론적 배경 부분과 실증적 연구 부분으로 구분하여 체계적 전개 - 인용문에 대한 각주 기재 - 표나 그림은 가능한 한 창의적으로 고안 - 용어와 어구는 간결하게 기술
결론	- 본론의 주장들에 대한 요약, 정리 및 평가 - 연구의 중요한 결과 또는 발견 사항 기재 - 연구의 한계점 기술 - 앞으로 필요한 연구 방향 제시

〈논문 문장 작성 시 유의할 점〉

1. 간결하고 명확한 문장을 사용한다.
2. 정확한 용어를 사용한다.
3. 수동태 문장 사용을 지양한다.
4. 정확한 숫자와 통계적 표현을 사용한다.
5. 간접 인용과 직접 인용을 구분한다.
6. 객관적이고 신뢰성 있는 표현을 사용한다.

학습활동 1

자신이 관심 있는 분야의 주제를 다룬 학술지 논문이나 학위논문을 읽고 다음 사항을 정리해 보자.

항목	구분	내용
논문 제목	국문	
	영문	
제출자 (소속 및 전공 표기)	국문	
	영문	
핵심어	국문	
	영문	
목차		

6) 논문의 형식

(1) 인용

인용(引用, quotation)은 다른 사람의 저작물을 자신의 글 속에 가져와 쓰는 것을 의미한다. 학술적인 글을 쓸 때에는 자신의 논지 전개에 객관성을 확보하기 위해 적절한 인용을 할 필요가 있다. 인용은 연구자의 논의를 돋보이게 하며 논문의 가치를 높여준다. 그러나 너무 많은 인용은 논문의 독창성을 침해할 수 있기에 최소 사용으로 최대 효과를 얻을 수 있도록 해야 한다. 효과적인 인용을 위해서는 되도록 인용문을 짧게 하고, 원문을 깨뜨리지 않는 범위에서 사용해야 한다. 인용의 방식은 원문을 그대로 가져온 직접 인용과 원문을 요약하거나 자신의 언어로 바꾸어 표현한 간접 인용으로 나눌 수 있다.

인용에 대한 사항은 다음과 같이 정리할 수 있다.

인용의 원칙		- 인용은 꼭 필요한 경우에 사용 - 인용은 다른 연구자들의 논의를 존중하는 자세가 기본 - 인용은 출처를 정확히 밝혀야 함 - 상황에 따라 소수의 의견이나 특정한 견해를 인용할 수도 있지만, 객관적으로 권위를 인정받는 글을 인용하는 것이 바람직함
인용의 방식	직접 인용	- 원문을 그대로 옮겨 쓰는 것을 의미 - 인쇄된 행수로 3행 이내일 경우 본문에 넣어 적고 인용부호(큰따옴표) 사용 - 3행 이상일 경우 독립된 문단으로 따로 기술, 본문보다 안으로 들여쓰기 - 맞춤법, 구두점, 문단 등 원문 그대로 사용하는 것이 원칙 - 인용문 끝에 주석을 달아 출처 표기 필수
	간접 인용	- 참고한 자료를 자신의 문장으로 바꾸거나 요약하는 방식 - 원문과 글쓴이의 생각이 구분되는 지점에 각주 번호를 붙이고 출처를 밝힐 것 - 원문을 다시 자신의 문체로 표현하는 과정이기 때문에 표절에 주의할 것 - 인용부호 없이 인용문 끝에 주석을 달아 출처 표기 - 원문의 필요한 부분만을 활용하기 위하여 문장의 앞, 중간, 뒷부분 생략 가능 - 이때에는 생략 부호(…)를 넣어 표현 - 원문의 일부 강조 시 밑줄을 긋고 반드시 '밑줄 인용자'와 같은 표현을 명기할 것

〈올바른 인용을 위해 유의할 점〉

1. 다른 사람의 연구 결과나 아이디어를 사용할 때, 정확한 출처를 밝혀 해당 연구에 대한 연구자의 공로를 인정하고 저작권을 존중하며 표절을 방지해야 한다.
2. 직접 인용은 원문 그대로 인용하고, 간접 인용은 요약하거나 재구성한 내용을 명시해야 한다.
3. 논문, 책, 웹사이트 등 출처에 대한 충분한 정보를 제공하며, 인용 형식에 맞게 표기한다.
4. 출처를 확인할 수 없거나 신뢰할 수 없는 자료는 인용하지 않는다.
5. 각 연구 분야에서 요구하는 인용 스타일(APA, MLA 등)에 따라 일관성 있게 표기한다.

(2) 주석

① 주석의 개념

주석은 자신의 주장이나 설명을 뒷받침하기 위하여 활용한 자료의 서지 사항을 정리한 것을 의미한다. 주로 본문에서 다루기 어려운 내용이나, 참고한 자료의 근거를 제시하기 위해 사용한다. 글을 쓸 때 인용한 자료의 주석을 정확하게 달아주면 글의 신뢰도가 높아질 뿐 아니라 표절 위험도 피할 수 있게 된다. 주석 표기 방식은 학문 분야에 따라 약간의 차이가 있으니 일반적으로 통용되는 규칙을 알아 두면 도움이 된다. 세세한 부분은 해당 분야 및 전문 학술지의 편집 규정에 따라 표기한다.

주석은 그 위치에 따라 각주(footnotes)와 미주(후주, endnotes)로 나뉘고, 각주는 내각주(내주)와 외각주로 나뉜다. 내각주는 인용 자료의 출처 정보를 본문 안에서 괄호 속에 넣어 표기하는 것이고, 외각주는 본문 하단의 밑줄 아래에 표기하는 방식이다. 일반적으로 외각주를 표기할 때 따르는 규칙이 각주 표기의 기본이 되지만, 최근에는 주석 표기의 용이성과 독서의 편이성을 위해 내각주를 사용하는 경우가 많다. 미주는 본문의 끝이나 글 마지막에 한꺼번에 달아주는 것인데 대개의 경우 참고 문헌에서 사용된 출처를 밝혀준다. 또한 주석의 내용에 따라 내용주와 참조주로 나눌 수 있는데 내용주는 본문의 설명을 보충하기 위해 사용되며, 참조주는 인용한 자료의 출처를 제시하거나 논문의 각 부분 사이의 관련성을 나타내기 위해 사용된다.

위의 내용을 정리하면 다음과 같다.

<table>
<tr><td>주석
사용 목적</td><td colspan="4">- 인용한 글의 출처 제시
- 주장의 근거를 뒷받침하고 참고한 자료를 명확히 구분하기 위함
- 본문에서 다루는 내용을 확장하여 생각할 수 있게 함
- 본문에서 제기한 문제점을 부각하여 논의하기 위해 사용
- 본문에 포함되지 않은 추가적인 정보를 제공하기 위해 사용</td></tr>
<tr><td rowspan="5">주석의 유형</td><td rowspan="3">위치에
따라</td><td rowspan="2">각주</td><td>내각주
(내주, 본문주)</td><td>본문 중에서 인용 또는 보충 설명 부분 옆에 괄호(　)를 넣어 그 속에 표기하는 것</td></tr>
<tr><td>외각주</td><td>본문의 어떤 부분의 뜻을 보충하거나 풀이한 글을 본문의 아래쪽에 따로 표기</td></tr>
<tr><td colspan="2">미주 (후주)</td><td>본문의 장 끝이나 글 마지막에 한꺼번에 표기</td></tr>
<tr><td rowspan="2">내용에
따라</td><td colspan="2">내용주</td><td>내용을 보충 설명하기 위한 것</td></tr>
<tr><td colspan="2">참조주</td><td>인용 자료의 출처(서지사항) 제시</td></tr>
</table>

〈주석 작성 시 유의할 점〉

1. 본문에서 주 번호는 인용된 문구의 끝이나 문장의 끝 또는 설명이 필요한 부분의 바로 다음에 단다.
2. 본문의 주 번호는 아라비아 숫자를 사용하여 위 첨자 형식으로 다는 것이 기본이나 학문 분야에 따라 다양한 형식이 사용된다.
3. 본문의 주 번호는 대체로 각 장을 단위로 하여 일련번호 순으로 단다.
4. 외각주는 본문의 주 번호가 있는 쪽의 하단 각주 부분에 만든다. 컴퓨터의 각주 생성 기능을 이용하면 각주 번호와 형식이 자동으로 지정된다.

② **주석 표기 방식**

일반적으로 각주라고 하면 외각주를 의미하며, 본문 하단에 저자명, 서명, 출판 연도 및 출판사와 인용 면수 등을 표시하는 방식을 말한다. 그러나 서지사항을 표시하는 순서나 부호 사용법 등은 구체적으로 통일되어 있지 않기 때문에 학문 분야 및 전공, 학회지의 규정을 참고하여 작성하는 것이 바람직하다.

외각주의 서지 사항 표기는 다음과 같은 방식으로 정리할 수 있으나, 이와 다른 방식도 있으므로 다양한 양식을 비교하여 살펴보는 것도 의미 있는 일이다.

<table>
<tr><th>자료</th><th colspan="2">표기 방식</th></tr>
<tr><td rowspan="4">저서</td><td rowspan="2">국내서</td><td>저자, 『책 제목』, 출판사, 출판연도, 인용 면수.</td></tr>
<tr><td>한 강, 『서랍에 저녁을 넣어 두었다』, 문학과 지성사, 2013, p.25.</td></tr>
<tr><td rowspan="2">국외서</td><td>저자(이름, 성). 책 제목, 발행지: 출판사, 출판연도, 인용 면수.</td></tr>
<tr><td>Yuval Noah Harari, Nexus. Random House, 2024. p.70.</td></tr>
<tr><td rowspan="5">저자</td><td rowspan="2">저자
2-3인</td><td>저자·저자·저자, 『책 제목』, 출판사, 출판연도, 인용 면수.</td></tr>
<tr><td>조신영·박현찬, 『경청』, 위즈덤 하우스, 2007. p.36.</td></tr>
<tr><td rowspan="2">4인 이상</td><td>대표 저자 외, 『책 제목』, 출판사, 출판연도, 인용 면수.</td></tr>
<tr><td>최재선 외, 『창의융합소통 대학 글쓰기』, 태학사, 2019. p.78.</td></tr>
<tr><td>국외서</td><td>영문일 경우 et al. (et alia) 로 표기
Alan C. Smith, et al. Advances in Molecular Biology. Cambridge University Press, 2010. p.35.</td></tr>
<tr><td rowspan="3">편서</td><td colspan="2">편저자 편, 『책 제목』, 출판사, 출판연도, 인용 면수.</td></tr>
<tr><td colspan="2">박희병 편, 『김시습·서경덕』, 창비, 2024, p.50.</td></tr>
<tr><td colspan="2">Aristotle, Nicomachean Ethics. Alan C. Smith, ed., Oxford University Press, 2000. p.17.</td></tr>
</table>

구분	표기
역서	저자, 『책 제목』, 번역자, 출판사, 출판연도, 인용 면수. 저자, 번역자, 『책 제목』, 출판사, 출판연도, 인용 면수.
	벤자민 하디, 『퓨처 셀프』, 최은아 역, 상상스퀘어, 2024. p.210. 벤자민 하디, 최은아 역, 『퓨처 셀프』, 상상스퀘어, 2024. p.210.
	Han kang, *Human Acts*. Deborah Smith trans., Hogarth Press, 2017.
논문	저자, 「글 제목」, 『출처 서명』, 출판사(학회이름), 출판연도, 인용 면수.
	손정수, 「식물이 자라는 속도로 글쓰기: 한강론」, 『작가세계』 23(1), 민음사 2011. pp.59-80.
	배용희, 「종교심리학적 관점에서 본 김애란 소설의 치유적 효용-정신분석의 '도구적 무의식'과 역전이 실연 개념을 통해」, 『문학치료연구』 69호, 한국문학치료학회, 2023. pp.12-15.
	저자 (이름, 성). "글 제목", *책 제목*, 출판사, 출판연도, 인용 면수.
	Henry Adams, "Abraham Lincoln and the Self-made Myth", *In The American Political Tradition and the Man Who Made It*. New York: Alfred A. Knopf, 1948. pp.56-78.
페이지 표시	쪽이나 면, p, pp(두 페이지 이상 인용할 경우)
	14쪽, 14면, p.14, pp.14-17
인터넷 자료	필자, 「글 제목」, 『웹사이트/웹진 제목』, 제0호 혹은 게재 연월(웹사이트 주소, 인용 자료를 본 날짜).
	백봉삼 기자, 「장난감 '레고'는 왜 이렇게 비쌀까」, 『ZDNET Korea』, 2025.1.12. https://n.news.naver.com/article/092/0002359508?ntype=RANKING 2025.1.12.

내각주는 본문 속의 해당 부분에서 바로 인용의 출처를 밝히는 방식이다. 내각주는 주석 처리가 간편하고 글의 흐름을 깨지 않아 최근에 많이 사용되고 있다. 내각주를 사용할 때 인용문에 저자가 포함되지 않은 경우 '저자명, 출판 연도, 인용 면수' 등을 괄호 ( )에 묶어 표시한다. 이때 괄호 ( )안에 들어가는 표기 순서나 부호 넣는 방식은 학문 분야에 따라 다를 수 있으니 해당 분야 및 학회지의 규정을 참고하는 것이 바람직하다.

저자명이 본문 중에 제시되는 경우에는 인용문에서는 저자명의 기재는 생략하고 해당 자료의 출판연도와 면수만을 기재한다. 외국서적의 경우는 저자의 성(last name)만을 적는다. 예컨대 '(Brown 2018, 152)'와 같이 적을 수 있다.

미주(후주)의 경우 본문에서 인용 부분에 1), 2) 또는 [1], [2] 등과 같이 인용 순서에 따라 일련번호를 붙인다. 이렇게 표시된 인용 문헌의 상세한 서지정보는 논문 끝이나 참고 문헌 목록에 나타나게 된다. 미주는 자연계와 이공계열 논문의 본문 인용 방식으로 사용되는 경우가 많다.

③ 약식주석

약식주석은 완전 주석 방식으로 소개된 문헌을 반복해서 사용할 때 일정한 부호를 사용하여 간결하게 표기하는 것을 의미한다.

구분	내용
약식 주석	• 바로 앞에 소개한 문헌을 다시 소개할 때는 'Ibid, 인용 면수'의 방식 - Ibid: 라틴어 ibidem(in the same place)의 약자 - '같은 책', '같은 논문', '위의 책', '위의 논문' 의미.
	5) 피터 싱어, 『동물해방』, 김성한 옮김, 연암서가, 2012, pp.56-61. 6) 같은 책, p.90. 7) John Smith, *History of Science*, Cambridge University Press, 2020, p.45. 8) Ibid. pp.65-70.
	• 앞에 소개하고 그 사이에 다른 문헌을 소개한 경우 '필자명, op. cit., 인용 면수'의 방식 - op. cit. 라틴어 opere citato에서 유래했으며, "이전에 인용된 저작에서"라는 뜻 - '앞의 책', '앞의 논문' 의미 - 동일한 출처를 다시 참조할 때, 반복을 피하기 위해 사용 - 바로 직전에 언급된 출처를 의미하는 Ibid.와는 달리, 이전에 이미 언급된 출처를 의미하며, 반드시 저자의 이름을 명시하여 사용
	5) 피터 싱어, 『동물해방』, 김성한 옮김, 연암서가, 2012, pp.56-61. 6) John Smith, *History of Science*, Cambridge University Press, 2020, p.45. 7) 피터 싱어, 앞의 책, p.76. 8) John Smith, op. cit., p.50.

④ 주석 표기 실제

외각주 예시

생명체의 진화는 단순한 자연선택만으로 설명할 수 없으며, 다양한 외부 요인들이 복합적으로 작용한다.[1] 특히, 환경 변화에 대한 생물학적 적응이 중요한 역할을 한다는 연구 결과는 현대 생물학의 핵심 이론 중 하나로 자리 잡았다.

1 박성수, 『생명의 진화론』, 사이언스북스, 2017, p.152.

내각주 예시

생명체의 진화는 단순한 자연선택만으로 설명할 수 없으며, 다양한 외부 요인들이 복합적으로 작용한다 (박성수, 2017:152). 특히, 환경 변화에 대한 생물학적 적응이 중요한 역할을 한다는 연구 결과는 현대 생물학의 핵심 이론 중 하나로 자리잡았다.

미주 예시

고분자의 개념이 처음 도입된 지 100여 년이 지난 오늘날, 고분자는 세라믹과 금속을 대체하는 재료로 크게 발전해 왔으며, 앞으로 2030년까지 연간 생산량은 약 6억 톤에 달할 것으로 전망된다.[1] 이러한 발전의 역설적인 측면은 고분자의 성장이 동시에 우리의 환경을 서서히 오염시켜 왔다는 점이다. 최근에는 고분자에 의한 오염의 심각성을 인식하고 이를 해결하기 위해 다양한 노력들이 이뤄지고 있다. 고분자 오염을 줄이는 방법에는 고분자를 다시 단분자의 형태로 되돌려 활용하는 화학적 재활용, 고분자의 화학적 구조는 유지하면서 재성형하여 다시 활용하는 물리적 재활용, 그리고 고분자를 소각하여 발생하는 열에너지를 활용하는 열적 재활용 등이 있다. 그 중 물리적 재활용은 버려진 고분자만 깨끗하게 수거할 수 있다면 가장 간단하고 효과적으로 고분자 폐기물을 줄일 수 있는 방법으로 알려져 있다.[2]

한편, 고분자는 열에 의해 가공 가능한, 즉 흐름이 있는 열가소성 고분자와 열로 가공할 수 없는 열경화성 고분자로 분류되는데 열경화성 수지는 이러한 성질로 인해 물리적 재활용이 불가능하다는 한계를 가지고 있다. 따라서, 일상에서 널리 사용되는 타이어와 같은 열경화성 고분자 폐기물 처리 방법은 여전히 도전적인 과제로 남아 있다. 이를 해결하기 위한 방안으로써 주목받는 방법은 열경화성 고분자 네트워크 내에 동적 공유결합(dynamiccovalentbond)을 도입하는 것이다.[3,4]

〈참고 문헌〉

1. H. Frey and T. Johann, *Polym.Chem.*, 11, 8 (2020).
2. F. Zhang, Y. Zhao,D. Wang, M. Yan, J. Zhang, P. Zhang, T. Ding, L. Chen,and C. Chen, *J. Clean.Prod.*, 282, (2021).
3. X. Chen, M.A. Dam, K. Ono, A. Mal, H. Shen, S. R. Nutt, K. Sheran, and F. Wudl, *Science*, 295, 1698 (2002).
4. D. Montarnal, M. Capelot, F. Tournilhac, and L. Leibler, *Science*, 334, 965 (2011).

내용주 예시

3D 프린팅 기술[2]은 제조업의 패러다임을 변화시키며, 항공우주 및 의료 분야에서 점차 그 활용 범위를 넓혀가고 있다.

2 3D 프린팅은 적층 제조(Additive Manufacturing) 기술의 한 형태로, 디지털 설계 데이터를 기반으로 재료를 층층이 쌓아 물체를 제작하는 기술이다. 항공우주 분야에서는 복잡한 형상의 부품 제작 및 경량화에, 의료 분야에서는 맞춤형 보철물이나 인체 조직 제작에 활용되고 있다. 특히, 금속 3D 프린팅 기술은 고강도와 내구성이 요구되는 항공기 부품 생산에 혁신적인 대안으로 주목받고 있다.

참조주 예시

「한정희와 나」에서 이기호는 두 인물의 내면적 갈등을 통해 인간관계에서의 진정성과 위선 사이의 경계를 탐색한다. '나'의 시선으로 전개되는 이야기는 그가 한정희와의 관계를 어떻게 인식하고 있는지, 그리고 이를 통해 환대의 윤리와 관련하여 독자에게 질문을 던지고 있다는 것을 보여준다. "당신의 환대는 무조건적일 수 있는가?"[3]

3 김형중, 「다시, '환대'에 대하여」, 『누구에게나 친절한 교회 오빠 강민호』, 문학동네, 2018, pp.286-287.
홍단비, 「이기호 소설에 나타난 환대의 불가능성과 윤리적 주체: 『누구에게나 친절한 교회 오빠 강민호』를 중심으로」, 『어문론집』, 77, 중앙어문학회, 2019, pp.343-374.

(3) 참고 문헌 작성

참고 문헌은 논문의 맨 마지막에 적는다. 본문에서 인용한 문헌은 반드시 참고 문헌에 넣어야 한다. 논문 작성 시 참고했더라도 본문에서 직접 인용하지 않은 문헌은 기재하지 않는 것이 원칙이나 특정한 경우 포함하는 경우도 있어 논문 제출 기관의 지침을 참고하는 것이 필요하다. 내각주는 본문에서 서지사항을 간단하게 표기하기 때문에 참고 문헌에서는 반드시 완전한 서지사항으로 기록해야 한다. 참고 문헌 표기 방식 역시 학문 분야와 학회지에 따라 다를 수 있기에 자신이 게재하고자 하는 해당 학문 분야의 학회지 규정을 참고하여 작성하는 것이 중요하다.

〈대표적 참고 문헌 표기 방식〉

MLA 양식 (Modern Language Association)	- 인문, 예술 분야에서 주로 사용 - 저자명 (성, 이름), 서명, 출판사, 출판연도. - Smith, John. *The Evolution of Species*. Cambridge University Press, 2017. - 김우창, 『깊은 마음의 생태학』, 김영사, 2014.
APA 양식 (American Psychological Association)	- 사회과학, 자연과학, 공학 분야에서 주로 사용 - 저자명 (저자 성, 이름 첫 글자).(발행 연도), 서명, 출판사. - Smith, J. (2017). *The Evolution of Species*. Cambridge University Press. - 김우창 (2014), 『깊은 마음의 생태학』, 김영사,
CMS 양식 (Chicago Manual of Style)	- 다양한 분야에서 사용 - 저자명 (성, 이름), 서명(출판지: 출판사, 출판연도). - Smith, John. *The Evolution of Species*. (Cambridge: Cambridge University Press, 2017). - 김우창, 『깊은 마음의 생태학』, (김영사, 2014).

〈참고 문헌 작성 시 유의할 점〉

1. 본문에 인용된 문헌은 참고 문헌 목록에 반드시 제시하고, 인용하지 않은 자료는 적지 않는다.
2. 1차 자료와 2차 자료를 구분하고, 단행본, 논문, 기타 자료의 순서로 작성한다.
3. 국내 문헌은 저자명의 가나다 순으로, 외국 문헌은 알파벳 순서로 정리하여 표기한다.
4. 외국 인명의 경우 각주 표기 방식과는 달리, 성(last name), 이름(first name) 순으로 적는다. 각주에서는 저자명을 “Ernest Hemingway (E. Hemingway)”와 같이 “이름(머리글자)+성”의 순서로 표시하지만, 참고 문헌에서는 “Hemingway, Ernest 혹은 “Hemingway, E.”와 같이 “성+이름(머리글자)”의 순서로 표시한다. 서양 저자의 성 다음에는 쉼표를 찍고 이름을 적는다.
5. 영문 서적의 경우 저자, 편자가 2인 이상이면 두 번째 이하의 저자나 편자의 이름은 성이 뒤에 오도록 적는다.
6. 편집 자료의 경우에는 편집자의 이름 다음에 국문의 경우 (편), 영문의 경우 (ed.)를 써넣는다.
7. 동일한 저자의 문헌이 여러 개 있을 경우 연도순으로 표기하고, 처음만 이름을 적고 나머지는 줄표를 그어 동일인임을 표시한다.
8. 동일한 필자의 단독 집필 문헌과 공동 집필 문헌이 있을 경우에는 단독 문헌을 먼저 제시한다.
9. 책 이름의 경우 동양서는 책 제목에 겹낫표(『 』) 표시를 하며, 영문의 경우에는 책 제목을 이탤릭체로 표기한다.
10. 각주에는 참고한 문헌의 면수가 표기되지만, 참고 문헌에는 적지 않는다. 다만 단행본이나 참고 자료에서 특정 일부분만을 참고했을 때는 면수를 표시한다.

7) 논문 퇴고 및 수정

구 분	점검 내용
제목	제목이 전체 연구 내용을 대표하는가?
서 론	연구 배경(문제점)이 명료하게 기술되었는가?
	제기된 문제점이 중요한가?
	연구 목적이 분명하게 기술되었는가?
	창의성이 있는가?
대상 및 방법	연구 방법이 충분히 설명되었는가?
	연구 방법이 문제점 해결에 적합한가?
결 과	연구, 분석 결과가 명확하게 제시되었는가?
	연구 결과가 신뢰할만한가?
	결과가 학술적 또는 현실적 측면에서 가치가 있는가?
고 찰	문제점의 해결에 필요한 내용이 충분히 고찰되었는가?
	주안점과 관계없는 내용이 기술되지는 않았는가?
결 론	제시된 분석 결과가 결론을 충분히 뒷받침하고 있는가?
체 제	논리적으로 구성되어 있는가?
표 및 그림	표 및 그림이 논문의 중요내용을 대표하고 있는가?
	표 및 그림의 수가 적당한가?
초록	초록이 간결하고 핵심 내용을 포함하고 있는가?
참고 문헌	필요한 문헌만을 인용하였는가?

학습활동 2

다음은 '대학생의 인터넷 활용이 정치의식에 미치는 영향'에 대한 논문을 쓰고자 조사한 자료들이다. 논문에서 인용한 후 참고 문헌에 해당 자료를 기재하려고 한다. 참고 문헌 작성 방식에 따라 적어보자.

1. 조경식이 2010년에 학술지 '청소년학 연구' 17집 47-78 페이지에 쓴 논문, '대학생의 정치사회화에 영향을 미치는 요인'을 참고했다.
2. Alvin Toffler의 '제3의 물결' (김진욱 역,) 범우사에서 2014년에 간행된 책을 참고했다.
3. 2009년에 범우사에서 출간된 Castells, M.이 쓰고 박행웅이 번역한 책 '네트워크 사회'를 참고했다.
4. 정용복이 2014년에 한양대학교 대학원에서 박사학위를 받은 논문 '미디어 이용 특성이 지역사회자본과 정치참여에 미치는 영향: 제주지역을 중심으로'를 참고했다.

MLA 양식으로 작성	
APA 양식으로 작성	

학습활동 3

아래의 텍스트들을 참고 문헌 작성법에 따라 순서대로 정리해 보자.

- Smith, John. *Autonomous Vehicles: Challenges and Solutions*. New York: Oxford University Press, 2018.
- Obama, Michelle, *Becoming*, Crown Publishing Group, 2018.
- 장하석, 『과학, 철학을 만나다』, 이비에스미디어, 2014.
- 김영은, 이선민, 서윤경, 「생애 단계별 미디어 리터러시 필요 역량 탐색」, 『한국언론정보학보』, 한국언론정보학회, 2024.8
- 이상욱, 「인공지능 윤리의 쟁점: 현황과 도전」, 『지식의 지평』 37, 대우재단, 2024.
- 이수민. 「자율주행차를 위한 딥러닝 기반 객체 검출 모델 연구」, 한양대학교 대학원 석사학위 논문, 2022.
- 푸코, 미셸, 『감시와 처벌: 감옥의 역사』, 오생근 옮김, 나남출판, 1994.

“

3

기획서

기획서(企劃書)는 무엇을 어떻게 할 것인가에 관한 글이다. 새로운 아이디어가 필요할 때나 어떤 문제가 발생했을 때 이를 해결하기 위해 작성하는 것이 바로 기획서다. 기획은 아이디어를 새롭게 산출하고 이를 현실화하기 위해 목표를 설정한 후 구체적으로 내용을 구성, 제안하는 일련의 과정을 가리킨다. 또 문제 해결을 위해 실태를 파악하고 문제의 원인을 찾은 후 이에 맞는 해법을 제시하는 것도 기획이다.

기획서는 아이디어 창출 과정에서 창의적인 감각이 필요한데, 이를 위해서는 무엇이 문제인지 포착할 수 있는 관찰력과 비판적인 시각을 갖춰야 한다. 변화하는 사회와 복잡한 문제 상황을 읽을 줄 아는 현장 분석력, 그리고 독자를 설득하기 위한 논리적인 사고력이 요구된다. 기획서는 기본적으로 비즈니스 문서이며, 궁극적으로는 채택을 목적으로 한다는 점에서 논리적인 설득이 필요하다. 따라서 기획서 작성과정에서 학습자들은 창의력과 논리적인 사고력, 문제 해결 능력 등을 함양할 수 있다.

기획이 설득력을 얻기 위해서는 신뢰성 있는 자료를 확보하는 것이 중요하다. 정확하고 신뢰할 수 있는 자료를 확보, 활용해야 현재 직면한 문제 상황을 객관적이고 명확하게 부각시킬 수 있다. 이를 위해 관련 자료는 물론 유사한 사례 조사, 관련 기관이나 부서 담당자와의 인터뷰, 설문조사 등을 실시해야 한다. 그러므로 기획서 작성은 다른 글쓰기 활동보다 적극적이고 역동적인 태도를 기르는 데 유용하다.

기획의 목적과 문제점이 분명하게 정해졌다면 이를 어떻게 해결할 것인지 구체적인 해결 방안을 제시해야 한다. 해결 방안을 제시할 때 가장 중요하게 고려해야 할 점은 실현 가능성이다. 해결 방안을 실현시키는 데 소요되는 비용이나 시간 등을 예상하여 가능한 한 구체적으로 제시해야 제안된 해결책이 현실적인지 판단할 수 있다. 즉 추진 전략 등을 꼼꼼히 정리해야 기획의 설득력을 높일 수 있다.

기획서는 독자를 이해시키고 설득해야 하므로 쉽고 정확하게 써야 한다. 이를 위해서는 단문으로 간결하게 쓰는 것이 좋다. 기획서는 공적인 비즈니스 문서이므로 평어체를 사용하고, 불필요한 수식어나 모호한 비유적 표현은 쓰지 않는다. 기획서 작성 시에는 핵심 내용을 먼저 제시하고 그에 대한 근거를 설명하는 두괄식 구성을 취하는 것이 바람직하다. 또한 도표나 그래프, 사진 그림 등 시각 자료를 활용하여 내용을 일목요연하게 전달하는 것이 좋다.

기획서는 아이디어를 목적에 맞게 요소별로 구분한 뒤 체계적으로 조립해 놓은 일종의 설계도라고 할 수 있다. 여기에는 제안서, 계획서, 보고서 등도 포함된다.

1) 기획서의 구성 요소

(1) 기획 목적과 의도 설명하기

우선 이 기획서가 무엇을, 왜, 어떻게 하기 위해서 작성하는 건지 그 목적과 의도를 분명히 밝혀야 한다. 새로운 아이디어 산출이 목적인지, 어떤 문제를 해결하려고 하는 건지 먼저 결정해야 한다. 기획은 목적과 의도가 분명해야만 그에 맞는 구체적인 구상과 전략을 짤 수 있기 때문이다.

(2) 현재 상황 및 문제점 분석하기

현재 직면한 상황이 어떤 상태인지, 가장 큰 문제점이 무엇인지 구체적으로 알아본다. 예컨대 대학 내 문제점을 발견해 해결하는 기획서를 작성한다고 가정해 보자. 수도권 소재 대학이라면 통학 문제가 제기될 수 있다. 현재 대학 근처 전철역에서 학교까지 오가는 셔틀버스를 운영하고 있긴 하나, 좀더 편리하게 통학할 수 있도록 장거리 광역 셔틀버스를 유치했으면 좋겠다는 아이디어를 낼 수 있다. 이럴 때는 이 문제가 비단 몇몇 학생들만의 문제인지 아니면 대다수가 원하는 것인지 정확하게 파악하기 위해 인터뷰나 설문조사를 실시하는 것이 좋다. 설문은 문항을 체계적으로 작성하고 결과를 수합한 후, 그래프나 도표 형식으로 정리해야 가독성이 높다. 설문은 참여자가 많으면 많을수록 결과에 힘이 실리고, 이 결과를 바탕으로 기획서를 작성해야 내용에 설득력을 확보할 수 있다.

(3) 기획 내용 구상하기

기획의 목적과 문제점이 분명하게 정해졌으면, 이를 어떻게 해결할 것인지 구체적인 내용을 도출해야 한다. 기획 목적과 유사한 아이디어를 찾아보거나, 문제점을 해결한 다양한 사례들을 충분히 검토한 후 전체 틀을 구상한다. 위의 예시에 쓴 장거리 광역 셔틀버스 유치가 기획 목적이라면, 인근의 다른 대학에서는 어떻게 이 문제를 해결했는지 알아봐야 한다. 장거리 셔틀버스를 운영하고 있는 대학이 있다면 노선과 배차간격, 비용 등은 어떻게 해결했는지 구체적인 항목까지 취재해서 제시해야 한다.

(4) 추진 전략 드러내기

기획 내용을 실현하기 위해 어떤 단계를 거쳐야 할지 정한다. 예를 들어 장거리 셔틀 광역버스 유치에 필요한 예산을 알아본다. 장거리 셔틀버스 대수, 운행 노선, 배차 간격, 이용 요금 등을 고려하여 계획을 수립한다. 이후 총학생회를 비롯하여 대학 내 관련 부서를 찾아가 기획 목적과 설문 결과 등을 제시한 후 기획 내용을 현실적으로 가능하게 지원해 줄 수 있는지 타진한다. 이때 기획 목적과 의도, 설문 결과와 타 대학 사례, 기획 내용을 상세하게 설명하고 설득해야 한다.

이러한 추진 전략들은 우선순위를 정해 하나하나 꼼꼼히 정리하고 실행한다. 가장 중요한 것은 구성원들의 요구를 충분히 반영하고, 비용이나 일정 등을 고려하여 현실 가능한 방향으로 내용을 정리해야 한다는 것이다.

(5) 기획의 기대효과 제시하기

기획대로 문제가 해결되었을 경우 예상할 수 있는 효과들을 정리해 본다. 장거리 광역 셔틀버스를 유치한다면 학생들은 통학에 드는 시간과 비용 등을 절약할 수 있고, 육체적인 피로도를 낮춰 학습에 열중할 수 있을 것이다.

기획의 단계를 정리해 보면 다음과 같다.

1단계		2단계		3단계		4단계		5단계
문제 파악	→	아이디어 수립	→	조사 & 분석	→	아이디어 체계화	→	기획서 작성

〈기획의 단계〉

2) 기획서 작성

좋은 기획서는 '채택'된 기획서다. 기획서는 분명한 독자가 있고, 작성 이유와 목적이 있는 비즈니스 문서다. 따라서 기획서 쓰기 연습을 통해 문제 해결 능력을 키울 수 있을뿐더러, 새로운 아이디어를 체계적으로 정리하는 과정을 익힐 수 있다. 기획서는 독자를 설득하는 문서이므로, 여럿이 힘을 모아 기획서를 써보면 글을 어떻게 구성하고 표현해야 독자의 마음과 생각을 움직일 수 있는지 그 방법을 배울 수 있다.

〈기획서 작성 시 유의할 점〉

1. 기획서는 독자를 이해시키고 설득하기 위한 문서이므로 쉽고 정확하게 써야 한다.
2. 자료는 출처가 분명하고 객관적인 것이어야 한다.
3. 설문 조사는 중립적이고 객관적인 방식으로 실시한다.
4. 설문은 참여자가 많아야 결과에 설득력이 있으므로 충분한 시간을 두고 설문을

진행한다.
5. 불필요한 수식어, 비유, 모호한 표현 등은 쓰지 않는다.
6. 도표나 그래프, 사진, 그림 등을 활용한다.
7. 공적인 문서이므로 경어체로 쓰지 않는다.
8. 맞춤법이나 정서법에 맞게 쓴다.
9. 반드시 퇴고한다. 사소한 실수가 기획서 전체의 신뢰도를 떨어뜨릴 수 있기 때문에 꼼꼼히 전체 글을 검토해야 한다.

3) 기획서 검토

기획서를 다 쓰고 난 후에는 찬찬히 전체 글을 검토한다. 기획 이유와 목적이 분명하게 드러났는지, 객관적이고 타당한 자료를 활용했는지, 추진 전략이 현실적인지 등을 반드시 확인해 봐야 한다.

〈기획서 작성 후 검토 사항〉

1. 제목은 적절한가?
2. 기획 이유와 목적이 뚜렷하고 구체적인가?
3. 기획 주제가 창의적인가?
4. 현황 분석에 사용된 자료는 객관적이고 타당한 것인가?
5. 추진 전략이 현실적인가?
6. 설문, 사진, 인터뷰 등 다양한 자료를 활용했는가?
7. 표현 방법은 정확하고 적절한가? (문장, 정서법 등)

다음은 대학 글쓰기 수업에 과제로 제출한 학생들의 기획서이다. 기획 주제는 '학교 다니면서 불편하거나 개선했으면 좋겠다고 생각한 문제들' 혹은 딱히 불편하지는 않지만 '학교 생활에 도움이 될 만한 방향의 새로운 아이디어들'이었다. 5~6명이 한 조가 되어 기획 주제 선정부터 설문, 인터뷰, 자료 조사, 기획서 작성까지 협업하였다. 그 중 한 조의 기획서이다.

예시

<table>
<tr><td>제목</td><td colspan="3">○○대학교 대운동장 인조잔디 설치 방안</td></tr>
<tr><td>조장</td><td>○○○</td><td>조원</td><td>○○○, ○○○, ○○○, ○○○, ○○○</td></tr>
<tr><td>기획 이유</td><td colspan="3">현재 우리 대학의 대운동장은 인조잔디가 아닌, 흙으로 되어 있다. 흙 운동장은 인조잔디에 비해 사용 시 여러 가지 문제점이 있다. 체육대회와 축제 등 학교 행사 때마다 모래가 많이 날려 눈뜨기가 불편하고, 비가 오면 질퍽해져 통행에 불편함은 물론 신발을 더럽히기도 한다. 또 축구나 달리기 등 운동할 때 넘어지기라도 하면 큰 부상을 입을 수도 있다. 이 기획서의 목적은 대운동장을 인조잔디로 교체하는 것이다.</td></tr>
<tr><td>현황 분석</td><td colspan="3">1) 현황 분석
우리 학교의 장점 중 하나가 운동장이 상당히 넓다는 것이다. 하지만 현재 운동장은 전체가 흙으로 덮여 있고, 크고 작은 돌들이 산재해 있다. 따라서 축제, 체육대회, 동아리 활동 등 운동장을 사용하는 여러 교내 활동에서 불편함이 발생하고 있다.

〈그림 1 ○○대학교 대운동장 모습〉</td></tr>
</table>

위 사진은 올해 축제 때 운동장의 모습이다. 비가 와서 운동장의 흙이 모두 젖었고, 축제 때 운영하는 각 학과의 주점과 공연의 관람석도 모두 젖었다. 진흙탕이 되어 버린 운동장 때문에 학생회는 흙을 치우느라 고생했고, 힉생들은 진흙투성이가 된 운동장에 들어가기를 꺼려해 축제 참여도가 저조하였다.

〈그림 2 비 온 후 운동장 모습〉

운동장은 개인적인 운동을 제외하고는 축제나 각종 행사 등을 개최하는 학생회 임원들이 주로 이용한다. 젖은 운동장으로 인해 불편함을 겪었던 학생회 임원에게 인터뷰를 요청하였다.

Q. 교내 활동을 위해 학교 대운동장을 이용하신 적이 있나요?

A. 네. 학생회 활동을 하면서 자주 이용합니다.

Q. 축제 때나 체육대회 때 대운동장이 모래여서 불편하다고 생각하신 적이 있나요?

A. 평소에도 모래여서 불편하다고 생각했는데 이번 축제 때 특히 불편했습니다. 비가 와 운영하는 주점에 흙이 다 젖고 물이 고여 진흙물을 퍼내느라 힘들었습니다. 진흙물로 인해 주점을 운영하는 학생회와 재학생들이 신발과 옷을 버리게 되는 상황이 생겨 정말 불편했습니다.

Q. 대운동장 모래를 잔디로 바꾸는 것이 학생들의 학교생활에 도움이 된다고 생각하시나요?

A. 네, 정말 도움이 된다고 생각합니다. 타 학교를 보면 잔디에 앉아 캠퍼스 라이프를 즐기거나 동아리 활동을 하는 친구들이 많습니다. 대운동장 모래가 잔디로 바뀐다면 학생들이 축제와 체육대회 때 겪을 부상의 우려와 불편함이 개선되고, 동아리 활동이 더욱 활성화될 것이라 생각합니다.

다음으로 동아리 활동에 관한 교내 운동장의 문제점에 대해 알아보기 위해 교내 축구동아리 '△△'과 전화 인터뷰를 진행하였다.

Q. 현재 동아리 활동을 하는 데에 있어서 불편한 점이 무엇인가요?

A. ○○대 운동장에는 잔디가 설치되어 있지 않아 불편합니다. 인조잔디가 설치되어 있는 근처의 대학교로 가서 동아리 활동을 하기 때문에 장거리를 이동해야 한다는 점과, 타 학교에서 동아리 활동을 하는 것이기 때문에 운동장 사용 일정 조율하는 것이 상당히 어렵습니다.

Q. 축구 동아리 활동을 근처 대학교에서 하는 이유가 무엇인가요?

A. 예전에는 학교 운동장에서 했는데, 모래 먼지가 너무 많이 날리고 부상의 우려가 있어서 동아리 부원들이 잔디에서 축구 하기를 원하기 때문입니다.

Q. 학교 운동장에 인조잔디를 설치하는 것에 대해 어떻게 생각하시나요?

A. 저희는 학교 운동장에 잔디가 설치된다면 동아리 활동을 좀더 편하게 할 수 있을 것이고, 저희 동아리 '△△'이 더욱 크게 성장할 수 있을 것이라 확신합니다.

2) 학교 운동장에 대한 설문조사

다음은 ○○대학교 재학생들에게 학교 운동장에 대해 설문조사를 한 결과이다. 운동장 이용 여부, 흙으로 덮인 운동장으로 인해 겪었던 불편한 점과 잔디 설치 여부에 대해 67명의 재학생을 대상으로 설문을 진행하였다.

설문 결과 운동장이 흙이라서 불편했다는 답변이 88.1 %를 차지해, 재학생들이 교내 운동장에 불편함을 겪고 있는 것을 볼 수 있다.

학생들은 운동장 사용 시 겪은 어려움은 대학축제 52.2%, 체육대회 22.4%, 개인적 운동과 기타가 11.9% 순으로 응답하였다. 기타 항목에는 '비가 와서', '동아리 활동' 등이 있었다. 인조잔디 설치에 대한 찬성이 97%로 많은 학생들이 대운동장 인조 잔디 설치에 찬성하는 것을 알 수 있다.

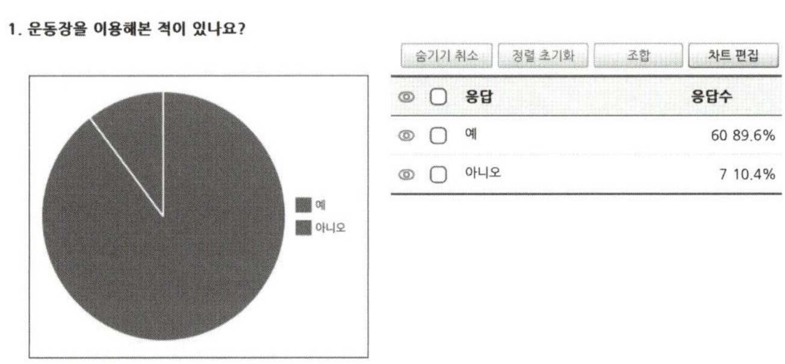

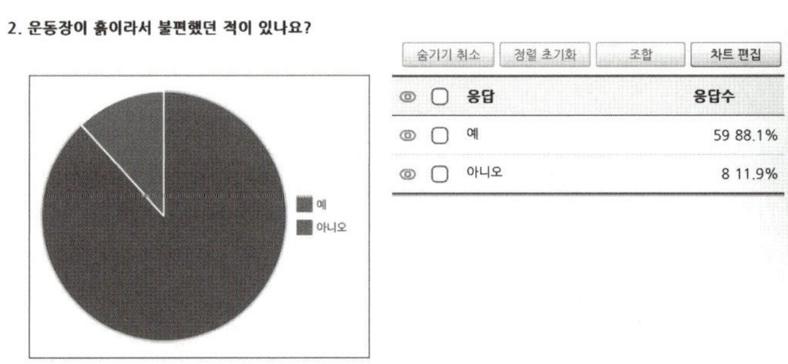

3. 가장 불편했던 적은?

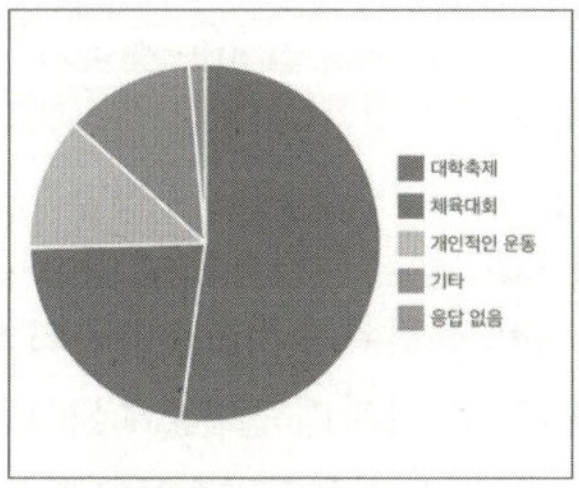

숨기기 취소 | 정렬 초기화 | 조합 | 차트 편집

응답	응답수
대학축제	35 52.2%
체육대회	15 22.4%
개인적인 운동	8 11.9%
기타	8 11.9%
응답 없음	1 1.5%

4. 학교 운동장에 잔디를 설치하는 것을 찬성하시나요?

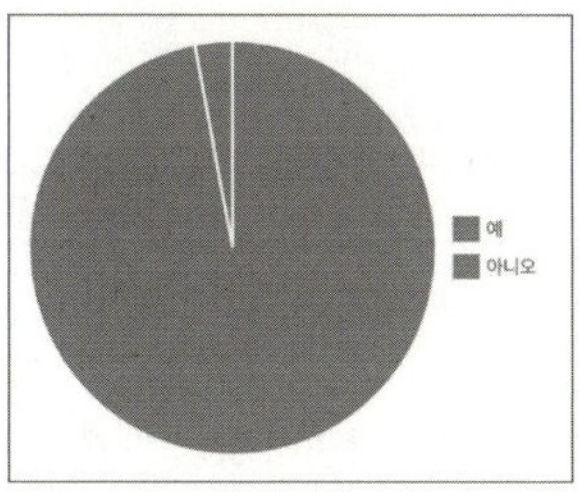

숨기기 취소 | 정렬 초기화 | 조합 | 차트 편집

응답	응답수
예	65 97%
아니오	2 3%

개선 내용

의왕 고천체육공원, 체육시설 개선공사 재개장

공사는 축구장 인조잔디를 교체하고 축구 골대와 미니 축구 골대를 설치했으며 배수로 공사를 비롯해 공원 내 체육관의 마루바닥 완충공사를 추진해 공원의 체육환경을 새롭게 조성했다.

최욱 의왕도시공사 사장은 "이번 공사를 통해 고천체육공원이 시민의 편리한 여가 공간으로 한층 더 개선됐다"며 "시민에게 쾌적하고 안전한 시설을 제공해 시민의 건강 지킴이 역할을 할 수 있도록 최선을 다하겠다"고 전했다.

고천체육공원은 지난 7월 개장한 물방울놀이터와 자가발전 놀이시설, 트랙(걷기, 달리기) 등 사계절 쾌적하고 다양한 시설을 제공하는 등 시민의 여가 활동 및 건강 증진에 이바지하고 있다.

〈타지역(의왕시)의 사례〉

위 기사 사진은 의왕시 고천체육공원에 인조잔디를 설치한 사례이다. 『경기일보』 2018년 기사에는 "이번 공사를 통해 고천체육공원이 시민의 편리한 여가 공간으로 한층 더 개선됐다"라는 내용이 있었다. 이와 같이 우리 학교도 흙 운동장으로 인해 학교 각종 행사에 어려움을 겪고 있기 때문에 인조잔디를 설치하여 재학생들에게 쾌적하고 안전한 시설을 제공해야 한다.

<table>
<tr><td>실행
방법
및
전략</td><td>1) 실행 예산
인조잔디의 디자인과 시공 계획을 수립한다. 인공잔디 1㎡의 가격은 8,000~13,000원이다. ○○대 운동장 크기는 7,631㎡로 총 가격을 계산해 보았을 때, 6천1백만 원~1억3백만 원이 든다. 비용이 좀 많이 들지만 예전부터 이목을 끌고 있는 문제점이므로 꼭 개선되어야 하기 때문에 예산을 확보해야 한다. 예산을 확보하기 위해서 학교, 지자체 또는 기타 재원을 모금하거나 지원을 받을 수 있는 방법을 모색해야 한다. 경험과 신뢰성 있는 업체를 몇 군데 선택해 견적을 받아서 비교한 후 예산을 조정한다.

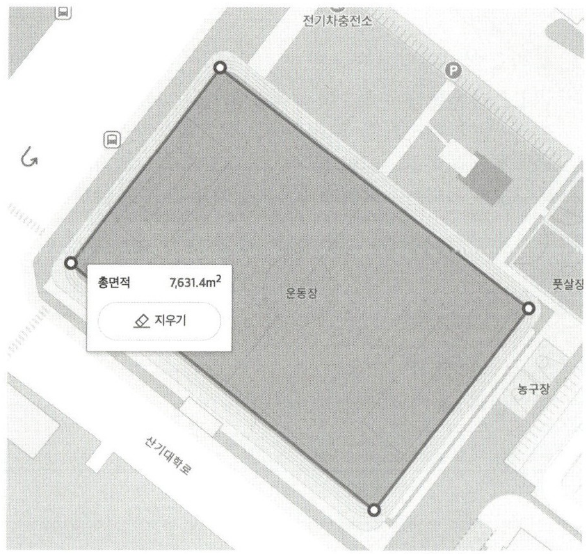

〈그림 3 ○○대학 대운동장 총면적〉

2) 소요 기간
인조잔디가 자리잡는 데 6개월에서 1년 정도 걸리므로 이 기간 동안 정기적인 관리와 모니터링을 한다. 이때, 재학생들의 운동장 사용을 금지시켜야 하기 때문에 1년 동안 축제 행사를 앞당기고, 방학 동안 인공잔디가 아무 문제 없이 자리잡도록 해야 한다. 인공잔디가 망가지지 않고 오랫동안 유지하기 위해서는 더러워진 부분을 물티슈로 가볍게 닦거나 카펫용 청소 솔로 닦으면서 주기적으로 관리해야 한다.</td></tr>
<tr><td>기대
효과</td><td>1) 학교 운동장을 사용한 더 많은 야외 활동
인조잔디 운동장은 학생들에게 더 많은 야외 활동의 기회를 제공한다. 학교에서는 운동장을 활용하여 콘서트, 야외 교육 프로그램, 학교 행사 등 다양한 학교 행사를 개최할 수 있다. 이로 인해 학교에서 개최하는 행사가 많아져 재학생들은 활발하게 활동할 수 있다. 또한 잔디에 앉아서 친구들과 함께 캠퍼스 라이프를 즐기는 아름다운 장면을 볼 수 있을 것이다.</td></tr>
</table>

<table>
<tr><td></td><td>
2) 안전한 환경
인조잔디는 안전한 표면을 제공하여 스포츠 활동 중 발생할 수 있는 부상 위험을 줄여준다. 특히 축구와 야구를 하는 학생들에게 안전한 환경을 제공하므로 동아리 활동이나 스포츠 활동을 자유롭게 할 수 있다.

3) 일관된 경기 조건
인조잔디는 모든 계절과 날씨 조건에서 일관된 경기 조건을 제공한다. 이전 사례로 폭우로 인해 학교 축제에 큰 지장이 있었음을 생각하면 인조잔디는 필수적이다. 그러므로 학교 행사가 지연되는 일은 거의 볼 수 없을 것이다.

4) 학교 이미지 향상
인조잔디 운동장은 학교의 시설과 환경을 개선하는 중요한 부분으로 작용한다. 고급스럽고 관리가 잘 된 운동장은 학교를 방문하는 학생, 교직원, 부모, 방문객들에게 긍정적인 인상을 심어준다. 이로써 학교의 이미지와 평판을 향상시키고, 학교를 선택하는 학생들과 후원자들에게 더 큰 관심을 끌어낼 것이다.
</td></tr>
<tr><td>조원
역할
분담</td><td>
○○○ : 실행 방법 및 전략 작성
○○○, ○○○ : 학생회 인터뷰, 기대효과 작성, 자료 조사
○○○ : 축구동아리 주장 인터뷰, 개선 내용 작성
○○○ : 현황 분석 작성
○○○ : 기획 이유 작성, 자료조사
– 학생 글(일부 수정)
</td></tr>
</table>

학습활동 1

앞에 제시한 기획서 예시를 꼼꼼히 읽어보고 다음 조건에 따라 평가해 보자. 각 조건마다 점수를 주고, 평가 이유를 간단히 적어 보자.

평가 내용	평가 점수	평가 이유
제목은 직질한가?	/10	
기획 이유와 목적이 뚜렷하고 구체적인가?	/15	
기획 주제가 창의적인가?	/15	
현황분석에 사용된 자료는 객관적이고 타당한 것인가?	/15	
추진 전략이 현실적인가?	/15	
설문, 사진, 인터뷰 등 다양한 자료를 동원했는가?	/15	
표현방법은 정확하고 적절한가?	/15	

총점	/100	평가 의견	

학습활동 2

대학생으로서 학교나 다양한 공동체 속에서 찾을 수 있는 문제들을 살펴보고 이를 해결하기 위한 기획서를 조별로 작성해 보자.

예시

1. 교내 신규 동아리 개설 제안 기획서
2. 교내(도서관, 기숙사, 식당) 시설 개선(시설 사용)을 위한 기획서
3. 학교 근처 근린공원의 환경 개선(통행로 개선, 가로등 추가 설치 등)을 위한 기획서
4. ○○시와 대학의 상생을 위한 협업 프로젝트 기획서
5. 학생 참여율을 높이기 위한 대학 축제 기획서
6. 대학생의 스마트폰 중독, 게임 중독을 해결하기 위한 기획서
7. 대학생의 해외 탐방(전공 관련, 교양 증진 및 문화 체험, 공모전)을 위한 기획서

<table>
<tr><td>조</td><td></td><td>제목</td><td></td></tr>
<tr><td colspan="2">기획 이유</td><td colspan="2"></td></tr>
<tr><td colspan="2">현황 분석</td><td colspan="2"></td></tr>
<tr><td colspan="2">개선 내용</td><td colspan="2"></td></tr>
<tr><td colspan="2">실행 방법
및 전략</td><td colspan="2"></td></tr>
<tr><td colspan="2">기대 효과</td><td colspan="2"></td></tr>
</table>

4
칼럼

1) 칼럼의 개념과 종류

(1) 칼럼의 개념

칼럼(column)은 기둥을 뜻하는 라틴어 칼룸나(columna)에서 나온 말로, 신문이나 잡지의 오피니언란에 실리는 시사, 사회, 풍속에 관한 짧은 평을 가리킨다. 저널리즘에서 칼럼은 기둥 역할을 할 만큼 여론 형성과 공론의 장으로서 중요한 위치를 차지한다.

사설(社說)이 무기명으로 게재되는 것에 비해, 칼럼은 글쓴이의 이름을 명시한다. 사설은 시사적인 주제에 관한 사(社)측의 입장을 제시하는 글이므로 굳이 이름을 밝힐 필요가 없어 대개 편집위원들이 돌아가며 집필한다. 그에 비해 칼럼은 개인의 생각이나 주장을 담은 것이라서 게재되는 매체의 이념과 집필의 방향이 다를 수 있고, 글에 대한 책임 역시 온전히 필자가 져야 한다.

간혹 칼럼을 에세이로 분류하는 사람들이 있다. 『문학비평용어사전』에 따르면, 에세이(essay)는 개인의 상념을 자유롭게 표현하거나 한두 가지 주제를 공식적 혹은 비공식적으로 논하는 비허구적 산문 양식을 말한다. 에세이는 통상 일기·편지·감상문·기행문·소평론 등 광범위한 산문양식을 포괄한다. 에세이는 에세이와 미셀러니(miscellany), 혹은 공식적(formal) 에세이와 비공식적(informal) 에세이로 나누기도 하는데, 전자는 대개 지적·객관적·논리적 성격이 강하며, 후자는 감성적·주관적·개인적 특성이 두드러진다. 칼럼은 분명 에세이 범주에 속하지만, 에세이라는 포괄적인 용어로는 그 뜻을 다 전달하지 못하기에 '칼럼'이라고 부르는 것이 좋을 듯하다.

사설	칼럼
- 공동의 관심사를 주제로 하여 쓴 짧은 글 - 신문사나 잡지사의 이념이나 입장을 반영 - 개인의 의견으로 볼 수 없으므로 편집위원들이 돌아가며 무기명으로 작성	- 신문이나 잡지에 실리는 시사, 사회, 풍속에 관한 짧은 평 - 개인의 생각이나 주장을 담은 글로, 글쓴이의 이름을 명시

(2) 칼럼의 종류

칼럼은 신문이나 잡지에 실리므로 전형적인 대중적 글쓰기로 볼 수 있다. 최근의 시사 이슈를 주로 다루기 때문에 공론의 장 역할을 담당하여 여론을 형성하기도 한다. 칼럼은 불특정 다수를 독자로 설정하여 어떤 대상에 대해 설명하거나 사안에 대해 주장해야 하므로 논술과 수필의 중간 정도의 문체를 유지하는 것이 좋다. 또한 매체나 주제, 글쓴이에 따라 다르겠지만 보통 A4 1매(1,800자 내외) 정도로 짧게 쓴다.

칼럼은 보통 주장형 칼럼과 설명형(정보 제공형) 칼럼으로 나눌 수 있다. 주장형 칼럼은 주제에 대한 자신의 생각을 적절한 근거를 동원하여 논리적으로 서술한 것이며, 설명형 칼럼은 어떤 대상이나 현상에 관해 구체적인 정보를 제공하거나 전망을 설명하는 형식의 글이다.

예를 들어 '전기자동차'에 관해 칼럼을 쓰고자 할 때 전기자동차란 무엇이고 어떤 원리로 작동하는가 혹은 현재 어디까지 연구가 진행되었으며 앞으로의 전망은 어떤지에 초점을 맞춘다면 설명형(정보 제공형) 칼럼이고, 전기자동차 상용화를 위해 각종 규제를 없애야 한다는 식의 주장을 펼친다면 주장형 칼럼이라고 할 수 있다. 이 밖에 어떤 대상이나 사건에 대한 자신의 감상을 밝히는 감상형 칼럼도 있다.

주장형 칼럼	주제(대상)에 대한 자신의 주장을 근거를 동원해서 논리적으로 서술
설명형 칼럼	대상(현상)에 대한 구체적인 정보를 제공하거나 전망을 설명
감상형 칼럼	어떤 대상이나 사건에 대한 자신의 감상을 밝힘

예시 1

도파민 중독 숏폼 차단…'디지털 디톡스' 뜬다

'호모 루덴스'(Homo Ludens·놀이하는 인간)이라는 말이 의미하듯이, 인간은 재미를 좇는 존재다. 놀고자 하는 욕망이 어제오늘의 일은 아니지만, 요즘 사람들의 재미 추구 행동은 과거와는 종류나 깊이에 있어 차이를 보인다. 사람들이 더 다양한 활동에서 재미를 추구하며 재미와 한시도 떨어지길 원하지 않는다. 이러한 '소비 행태'를 일컬어 '도파밍'(도파민+파밍) 트렌드라 명명한다.

'도파밍'은 도파민의 오타가 아니다. '도파민'과 '파밍(farming)'을 결합한 말이다. '도파민'은 새롭고 재미있는 것을 경험할 때 분비되는 신경전달물질을 의미하고, '파밍'이란 게임 용어로서 플레이어가 게임 캐릭터의 능력을 향상하기 위해 농작물을 수확하듯 아이템을 모으는 행위를 말한다. 따라서 '도파밍'은 즐거움을 가져다줄 수 있는 도파민이 분출될 수 있는 행동이라면 다양한 시도를 마다치 않는 노력을 뜻한다. (하략)

– 최지혜, 『아시아 경제』 2024. 4. 18

예시 2

AI 번역기가 엉터리 문장을 토해낼 때

알베르 카뮈는 2차 세계대전이 한창이던 1942년 프랑스 갈리마르 출판사에서 〈이방인〉을 냈다. 첫 한국어 번역본은 이휘영 서울대 불어불문학과 교수가 6·25

전쟁 중인 1953년 청수사(青樹社)에서 펴냈다. 전쟁 중에 쓰인 책이 전란 중에 다른 언어로 옮겨진 데는 그 시대만의 이유가 있을 터다. 흔히 '외부 사람' '국외자'로 번역되는 '에트랑제(tranger)'의 역어(譯語)로 일상에서 사용이 드문 '이방인(異邦人)'을 택한 데서도 일본 문화의 잔향이 남은 시대상이 엿보인다.

시대의 무게는 책의 제목보다, 첫 문장 번역에서 더 직접적으로 느껴진다. 'Aujourd'hui, maman est morte.'라는 리드문을 두고 이 교수는 '오늘 어머니가 돌아가셨다.'로 옮겼다. 곧이어 등장하는 전보의 문구도 '모친 사망, 명일 장례식, 경백(敬白).'으로 예스럽다. (하략)

- 김동욱, 『한국경제』, 2024.06.29.

2) 칼럼 쓰기

대학의 글쓰기 수업에서는 주로 주장형 칼럼을 써 보는 것이 바람직하다. 설명형 칼럼은 쓰고자 하는 주제에 관해 전문적인 지식을 갖고 이를 알기 쉽고 정확하게 설명해야 하기 때문에 주로 그 방면의 전문가들이 쓴다. 따라서 여기에서는 최근의 시사 이슈에 관한 주장형 칼럼을 써보기로 하자. 글쓰기 수업 시간에 '칼럼' 쓰기를 해야 하는 이유는 크게 세 가지로 제시할 수 있다.

첫째, 칼럼 읽기를 통해 최근의 시사적인 흐름을 읽고, 그에 대한 비판적 사고능력을 키울 수 있기 때문이다. 칼럼을 통해 새로운 정보와 지식을 학습할 수 있을뿐더러, 같은 주제의 여러 칼럼들을 찾아 비교해 읽으면서 자신의 주장을 명확히 정립해 나갈 수 있다. 그 과정에서 각종 미디어의 특징과 다양한 견해에 대해서도 알 수 있게 된다.

두 번째는 적은 분량 안에 자신의 주장을 근거와 함께 논리적으로 서술하는 연습을 할 수 있다. A4 1매 정도의 짧은 글을 직접 써 보는 것은 자신의 주장을 가다듬고 체계화하는 데 매우 효과적이다. 막연하고 모호하던 자신의 생각을 주장으로 만들어 내세우고, 이를 다양한 근거를 들어 뒷받침하는 연습을 함으로써 글쓰기 능력을 향상시킬 수 있을 것이다.

세 번째는 불특정 다수의 독자를 위해 쉽고 명료한 표현을 익힐 수 있기 때문이다. 신문이나 잡지에 실리는 칼럼은 그 누구든 독자가 될 수 있다. 따라서 칼럼은 다른 글보다 훨씬 더 정확하고 쉽게 써야 한다.

칼럼 쓰기는 비판적이면서도 대중적인 글쓰기 행위다. 칼럼을 읽고 쓰는 학습은 비판적 사고 능력과 객관적 서술 능력을 키울 수 있는 매우 효과적인 글쓰기 활동이다. 평소 다양한 칼럼 읽기를 습관화하여 자신이 살고 있는 세상에 대해 바로 알고, 이를 바탕으로 꾸준히 칼럼 쓰기 연습을 한다면 사고와 표현을 동시에 연마할 수 있는 좋은 기회를 얻을 수 있을 것이다.

〈칼럼 쓸 때 유의할 점〉

1. 많은 사람들이 관심 있어 하는 최근의 이슈를 주제로 선택한다.
2. 쉽고 정확하게 쓴다.
3. 자신만의 독창적인 시각을 확보해야 한다. 최근의 관심사를 다루기 때문에 다른 사람의 주장들과 차별성을 갖추어야 한다.
4. 비교적 자유로운 형식을 유지하되 친근한 문체를 사용한다.
5. 정확한 최근 자료를 바탕으로 써야 한다.
6. 대중적인 매체에 게재되는 것이므로 제목에도 상당한 주의를 기울여야 한다.
7. 인용의 경우 주석은 따로 달지 않으나 "~에 의하면"과 같이 최소한의 출처는 밝혀야 한다.
8. 적은 분량 안에 대상에 대한 충분한 설명이나 주장이 체계적으로 이루어져야 하므로 분량 안배를 효과적으로 해야 한다.

학습활동 1

최근의 시사 이슈를 찾아보고 이 중 찬반이 분명한 칼럼의 주제를 조별로 3개씩 정해 보자. 주제는 시의성, 공공성, 대립성을 갖추고 있는지 점검한 후, 조원들 모두가 관심 있는 주제로 좁혀 본다.

주제 1			
조건 점검	시의성	공공성	대립성
선정 이유			
주제 2			
조건 점검	시의성	공공성	대립성
선정 이유			
주제 3			
조건 점검			
선정 이유			

학습활동 2

칼럼 주제를 정했다면, 이 주제의 칼럼을 쓰기 위해 관련 자료(칼럼, 기사, 사설, 소논문 등)를 찾아 목록을 정리해 보자.

1. 칼럼

저자	제목	출처

2. 기사

저자	제목	출처

3. 사설 & 논문

저자	제목	출처

학습활동 3

자신이 쓸 주제의 칼럼 2편을 읽고 요약, 비교해 본다. 또 소논문 1편, 기사 2편을 꼼꼼히 읽고 정리해 보자.

3-1. 자신의 조가 정한 주제의 칼럼 두 편을 읽고 요약해 보자.

주제			
제목			
저자		출처	
요약			

제목			
저자		출처	
요약			

3-2. 앞에서 읽고 요약한 칼럼 두 편을 비교해 보자.

공통점	
다른점	
나의 평가	
내 칼럼에 인용할 부분	

3-3. 자신의 조가 선택한 주제의 기사 두 편을 읽고 정리해 보자.

제목			
저자		출처	
요약			
내 칼럼에 인용할 부분			

제목			
저자		출처	
요약			
내 칼럼에 인용할 부분			

학습활동 4

지금까지 찾고 정리한 자료를 바탕으로 자신이 쓸 칼럼 개요를 작성해 보자.

주제	
(가)제목	

4-1. 칼럼의 핵심 주장은 무엇이고, 어떤 논거를 제시할 것인가?

주제문		
논거	1	
	2	
	3	

4-2. 자신이 구상한 칼럼의 개요를 작성해 보자. (문장 개요로 작성)

학습활동 5

지금까지 준비한 내용을 토대로 칼럼을 완성해 보자. 제목이 달린 독립적인 글로 주장이 분명히 드러나야 한다. 분량은 1,800 ±100자.

〈평가 기준〉

1. 주장이 명료한가?
2. 근거가 타당한가?
3. 글의 흐름이 논리적이고 자연스러운가?
4. 제목이 적절한가?
5. 참고 문헌은 적절히 사용하였는가?
6. 문단, 문장, 어휘 선택 등이 적절한가?
7. 맞춤법에 맞게 작성하였는가?
8. 분량을 맞추었는가?
9. 문서의 양쪽정렬, 들여쓰기를 하였는가?
10. 표절률이 15%를 넘지 않았는가?

"

5
문화비평문

1) 문화비평문의 개념

(1) 문화비평문의 개념

문화비평문은 다양한 문화 텍스트나 문화 현상을 이해하고 분석하며, 비판적으로 평가한 글이다. 비평문을 쓸 때에는 비평의 대상이 되는 텍스트를 균형 잡힌 시각에서 객관적으로 평가하는 과정이 필요하다. 문화비평의 대상이 되는 텍스트는 문화 전반을 포함하는 것으로, 도서, 영화와 연극, TV 방송과 라디오 프로그램, 웹툰과 음반, 게임, 패션, 광고 등 대중문화의 전 영역이 해당된다. 또한 문화적으로 의미 있는 사건과 그것이 사람들의 삶에 미친 변화 역시 비평의 대상이 될 수 있다.

문화비평문은 문화 전체에 대한 이해를 바탕으로 개별적인 문화 현상이나 문화 텍스트를 비평하는 글이기에 좋은 글을 쓰기 위해서는 시대적 흐름 속에서 문화의 특징을 읽어낼 수 있는 안목과 지식이 있어야 한다. 대학생의 경우 일반적으로 대중문화를 수용하는 입장에 있기 때문에 문화 텍스트에 대해 비판적 입장을 견지하기 어려운 면이 있다. 그러나 지식인으로서 문화 현상을 정확히 이해하고 올바르게 수용하기 위해서는 비판적 시각으로 문화 텍스트를 읽고 비평할 수 있는 힘을 길러야 한다.

(2) 문화비평문 읽기와 쓰기

문화비평은 문화 예술 작품이나 현상에 대해 해석하고 가치 판단을 하는 활동으로 비평의 대상과 형식, 종류는 다양하다. 비평의 안목을 기르고 좋은 비평문을 쓰기 위해서는 여러 분야의 비평문을 읽는 것이 도움이 된다. 비평문을 읽을 때에는 글쓴이가 문화 현상이나 작품을 어떻게 해석하고 평가하는지 살펴보아야 한다. 가치 판단의 근거가 되는 것이 무엇이며 해석과 판단은 적절하게 이루어졌는지, 글쓴이의 관점이 대상을 이해하고 인식의 지평을 확장하는 데 기여하고 있는지 파악하며 글을 읽어야 한다.

문화비평문을 잘 쓰기 위해서는 비평 대상과 일정한 거리를 유지하여 객관적인 시각에서 대상을 바라볼 수 있어야 한다. 또한 비평 대상이 되는 텍스트에 관련된 다양한 정보나 자료 등을 수집하여 사전 지식을 갖고 있어야 한다. 비평문은 글의 성격상 글쓴이의 관점과 주장이 잘 드러나기 때문에 객관적 자료를 사용하여 논지를 전개하는 것이 바람직하다.

비평 대상이 되는 텍스트에 대한 지나친 칭찬이나 비난을 자제하고 균형 잡힌 어조로 문장을 기술해 나가야 한다. 비평문 역시 하나의 창작물로서 가치를 인정받을 수 있도록 개성 있는 글쓰기를 해야 한다.

(3) 문화비평문의 구성

문화비평문을 쓰고자 할 때 글의 구조를 서론·본론·결론의 3단 구성으로 하면 일반적인 글쓰기의 원리를 이용하여 쉽게 글을 쓸 수 있다. 비평문 작성 시 각각의 구성 단계에 들어갈 내용을 살펴보자.

구성	내용
서론	- 텍스트에 대한 기본 정보 제공 - 텍스트 분석을 위한 예비적 사항 소개 - 텍스트가 갖는 사회, 문화적 의미 제시
본론	- 텍스트의 핵심 내용 요약 - 텍스트 저자의 관점, 문제 인식 분석 - 텍스트 분석, 평가 (비판적 입장 견지)
결론	- 텍스트 분석 결과 정리 - 텍스트가 지닌 의미, 장·단점 및 한계 요약

〈문화비평문 작성 시 유의할 점〉

1. 문화 현상을 바라보는 관점을 명확히 한다. 지배적인 관점일지라도 비판적 시각으로 바라보며, 다른 사람의 관점도 수용하는 자세로 텍스트를 읽고 비판해야 한다.
2. 문화 현상과 관련된 지식과 정보를 충분히 습득한 후 독자의 관심을 모을 수 있는 관점을 정립한다.
3. 문화 텍스트를 둘러싸고 있는 사회적, 역사적, 문화적 배경을 이해하고 이를 바탕으로 문화 텍스트를 분석한다. 하나의 텍스트는 또 다른 텍스트와 상호 연계된다는 것을 이해하고 서로 다른 장르의 텍스트와 함께 분석해 본다.
4. 글을 읽는 독자를 명확히 고려해야 한다. 대학 수업 중에 비평문을 제출할 경우 교수와 동료 학생들이 독자가 될 수 있으며, 다른 매체에 글을 쓸 경우에는 그 매체를 이용할 독자를 상정하여 글을 써야 할 것이다.
5. 객관적이고 균형 잡힌 시각으로 대상이 되는 텍스트를 바라보고, 감정을 노출하기보다는 합리적으로 설득할 수 있는 글을 써야 한다.
6. 글쓴이의 개성이 드러나는 문체를 구사하고, 올바른 글쓰기가 되도록 유의해야 한다.

학습활동 1

최근에 진행되었거나 현재 진행 중인 다양한 문화 행사를 조사한 후 간단히 소개하고 그 의미와 시사점에 대해 이야기해 보자.

분야		전시명	전시 장소	전시 내용 및 의미
전시회	미술			
	디자인, 패션			
	전통 문화			
	도서, 출판			
	사진			
	건축			
	기타			
공연	클래식			
	오페라, 뮤지컬			
	대중 음악			
	연극 영화			
	기타			
스포츠	각종 경기			
	게임			
	기타			

학습활동 2

'K-컬처'를 제재로 한 두 편의 비평문을 읽고 글쓴이의 주장에 대한 자신의 생각을 적어 보자.

예시 1

'K컬처'라는 아이러니

대한민국이 드디어 노벨 문학상 보유국이 됐다. 직전까지 맨부커상, 아카데미 작품상, 칸 국제영화제 황금종려상, 빌보드 메인 싱글 차트 1위 보유국이었다. 요 며칠은 전 세계 사람들이 한국식 술 게임에 빠져 "아파트! 아파트!"를 외치고 있다. 지난달에는 강연을 갔다가 들른 순댓국집에 외국인 단체 관광객이 몰려와 옆자리에 앉았다. "이모, 다대기 좀 주세요" 하는데 딕션이 나보다 좋았다. 국민학교(초등학교가 아니다) 저학년 때까지 교과서 맨 앞장엔 이런 말이 적혀 있었다. "우리는 민족 중흥의 역사적 사명을 띠고 이 땅에 태어났다." 그로부터 대략 40년, 진짜 "민족 중흥"이 온 건가 싶다. 평소 국가 중심적 사고방식을 비판해 왔지만 오늘만큼은 국가와 민족을 말해 보기로 한다. '근데 이제 세대를 곁들인.'

(하략)

-박권일, 『한겨레』 2024.11.1.

예시 2

K팝 팬덤의 언어에서 '국민 메타포' 된 응원봉

이토록 응원봉에 많은 이가 주목한 적이 있었나. 2024년 12월, 웬만한 연말 음악 시상식 객석을 방불케 하는 거대한 숫자의 응원봉이 거리로 쏟아져 나왔다. 좋아하는 가수를 위해 흔들던 응원 도구는 어느덧 국민 한 사람 한 사람의 준엄한 목소리를 담은 상징으로 바뀌어 있었다. 집회 주최 측은 대가 없이 모여든 응원봉에 화답하듯 소녀시대 '다시 만난 세계', 에스파 '위플래시', 로제와 브루노 마스 '아파트' 같은 케이팝 인기곡을 번갈아 틀며 호응을 유도했다. 사안과 리듬에 맞춘 개사도 일품이었다. 오로지 한국이라 가능한 집회 풍경은 국내외 언론을 막론하고 주목받았다. '(케이팝 팬들이) 소중한 것을 지키려 가장 소중한 빛을 들었다'는 시적인 수사까지 등장했다.

거리의 새로운 주인공으로 떠오른 응원봉의 역사는 어떻게 될까. 기원을 거슬러 올라가면, 그곳엔 색색깔의 풍선이 있었다. 2010년대까지만 해도 남아 있던 '팬덤 색'은 풍선으로 우비로 번졌다. '드림콘서트'처럼 전국구 팬덤이 모이는 연례 행사에서는 어떤 색이 얼마만큼의 객석 면적을 차지하느냐가 해당 가수가 가진 권세의 상징이었다.

(하략)

- 김윤하, 『한국일보』 2024.12.22.

	〈예시 1〉
필자의 주장	
나의 생각	
	〈예시 2〉
필자의 주장	
나의 생각	

(4) 비평문 예시

① 서평 쓰기

서평은 책(書)에 대해 평(評)하는 글이다. 책을 읽으면서 새롭게 알게 된 지식과 인식의 확장에 대해 논리적으로 서술하는 글이다. 독후감보다는 책 자체에 대해서 객관적이고 설득력 있게 소개하는 측면이 강하기 때문에, 서평의 경우 독자를 고려한 글쓰기가 되어야 한다.

서평을 쓰기 위해서는 먼저 텍스트 자체에 대한 충분한 지식과 이해가 필요하다. 저자의 특징이나 주제를 표현하는 방식, 문체 등을 토대로 저자가 말하고자 하는 것을 파악하고 사회 문화적 환경 속에서 선택한 책이 갖는 의미를 찾아내야 한다. 서평을 쓰기 위해 필요한 자료들을 조사한 후에는 글쓰기 절차에 따라 개요를 작성하고 글을 쓴 후 퇴고를 거쳐 글을 완성한다.

서평	독후감
책에 관한 정보, 객관적 가치 평가	책을 통해 느낀 감정과 주관적 정서 표현
문학적, 학문적 분석이 들어가며 작성자의 전문성이 드러남	전문성보다는 개인적인 경험과 감정에 초점
책에 대한 평가 강조	독서 후 나의 생각 강조

서평을 작성하는 방법은 다음과 같다. 먼저 대상이 되는 책의 제목, 저자, 역자, 출판사, 출판 연도 등의 서지 정보를 기록한다. 다음으로 책에 관련된 정보 및 내용을 글쓴이의 언어로 개성 있게 표현한다. 이때 들어가야 할 내용으로는 책의 저자에 관한 사항이다. 저자의 약력, 주요 저술, 책의 내용을 이해하는 데 필요한 저자의 활동, 업적, 특징적 요소, 객관적 평가 등을 기술한다. 다음으로 책의 유형, 장르, 형식적 특성, 주제, 구성, 문체 등과 같은 책의 형식에 관한 사항을 정리한다. 또한 내용의 특이성, 주제 구현 방식, 작가 의식 등 책의 내용에 관한 사항을 정리하는 것이 필요하다.

마지막으로 책을 읽은 독자의 입장에서 대상이 된 책에 대한 자신의 가치 판단이 들어간 평가를 객관적으로 제시한다. 이때 주의할 점은 기존에 언급된 출판사나 비평가, 다른 독자들의 견해를 지나치게 의식하지 않고 자신의 생각을 정리해서 표현해야 한다는 것이다. 책의 의미와 가치, 성과와 한계 등을 논리적이고 객관적인 방식으로 기술하여 책에 대해 알고자 하는 이들에게 유익한 정보를 제공할 수 있어야 한다. 서평 역시 주관적 글쓰기의 일종이므로 필자의 개성이나 지식, 경험과 정서가 드러나게 써야 한다.

〈서평 작성 시 유의할 점〉

1. 책의 내용 전부를 요약하여 소개하려는 마음을 버려야 한다.
2. 책의 주제를 이해한 후, 자신이 말하고자 하는 바를 명확히 하여 서평의 제목을 잡는다.
3. 서평을 읽는 독자를 생각하며 객관적인 관점에서 글을 쓰도록 한다.
4. 서평 자체가 창의적 글쓰기임을 기억하고 개성 있게 표현한다.

학습활동 1

자신이 읽은 책 중에 친구에게 소개하고 싶은 책이 있다면 추천하는 이유를 써서 전달해 보자.

구분	내용
책 제목	
저자 및 역자	
출판사 및 출판 연도	
추천 이유	

학습활동 2

최근에 읽은 책 중 한 권을 선택하여 서평을 써 보자.

2-1. 선택한 책에 대한 기본 정보, 내용 및 특이점에 대해 정리해 보자.

<table>
<tr><td colspan="2">서지 사항
(책 제목, 저자,
출판사, 출판연도)</td><td></td></tr>
<tr><td colspan="2">내용 및 형식</td><td></td></tr>
<tr><td colspan="2">특별한 점</td><td></td></tr>
<tr><td rowspan="2">평가</td><td>객관적
평가</td><td></td></tr>
<tr><td>주관적
평가</td><td></td></tr>
</table>

2-2. 정리한 내용을 토대로 서평을 써 보자.

제목	

〈읽기 자료 1〉

어머니, 그 생명의 이름이여!

- 이청준, 「눈길」(1997) 읽기

부모 자식 관계를 생각해 본다. 자녀는 부모 몸을 빌려 세상에 태어난 생명이기에 서로 간에는 떼려야 뗄 수 없는 인연의 강이 흐른다. 그러나 누구나 그 깊은 강줄기를 끊임없이 흐르게 하는 것은 아니다. 부모는 나름의 방식으로 자녀를 사랑하고 키웠지만 그 마음이 자녀에게 닿지 않는 경우도 있다. 자녀에게 부모는 공기 같은 존재여서 숨 쉬게 하고 살아가게 하는 자양분이 되어 주지만 부모가 그 역할을 다하지 못하거나, 혹은 자녀를 제대로 돌보지 못해 그 마음에 상처를 남겼을 경우 자녀는 부모를 이해하려 하지 않는다.

요즘 세상에서 자주 접할 수 있는 문제 중에 노인들의 고독사(孤獨死)가 있다. 새롭게 생겨난 죽음의 한 유형이다. 아무도 돌보는 사람 없이 홀로 맞이하는 쓸쓸한 죽음을 이르는 말이다. 그중에는 자녀가 있어 연락이 닿을 수 있는 이들도 있다 하니 단순한 사회 현상으로 보기 보다는 더 깊은 원인을 찾아볼 필요가 있다. 부모와 자식 관계는 살아가면서 만나게 될 모든 관계들의 시원이 된다. 부모로부터 지극한 사랑과 격려를 받은 삶이 타인을 향해 미움과 분노를 표출할 수 없고, 부모로부터 학대와 멸시를 받은 삶이 타인을 향해 포용과 자비를 베풀기도 어려울 것이다. 하여 성경은 자녀를 노엽게 하지 말라는 가르침을 주는지도 모른다.

때때로 지천명의 나이를 지난 이들이 유년의 아픔을 이야기하는 것을 듣게 된다. 그 가난하고 어렵던 시절의 풍경을 이야기하며 아련한 그리움과 추억으로 말하기도 하며, 더러는 그때의 아픔을 극복하지 못해 원망과 회한의 멍에를 매고 사는 경우도 있다. 그 차이는 아주 사소한 것에 있다. '사랑'이다. 지독한 가난과 어려움 속에서도 부모로부터 받은 사랑의 기억은 삶을 풍요롭게 한다. 그 안에는 늘 부모의 헌신적인 모습과 사랑의 언어들이 존재한다. 그 사랑은 시간이 지나면 늙고 연약한 부모를 아낌없이 돌아보는 반포지효(反哺之孝)

로 나타난다.

그러면 모든 부모들은 말할 것이다. 나도 내 나름의 방식으로 자녀를 사랑하고 돌보았노라고. 그런데 이상한 일은 자녀들은 도무지 부모로부터 받은 것이 없다고 한다. 이 엄청난 격차는 어찌 일어나는 것일까?

이청준의 「눈길」은 부모 자식 간의 이런 마음의 차이를 보여주는 소설이다. 소설 속 화자인 '나'는 어머니를 노인이라 부르며 부모에게 받은 것이 없기에 갚아야 할 빚도 없다고 생각한다. 오랜만에 노모를 찾아왔지만 하루 만에 고향을 떠나고 싶어 한다. 어려웠던 시절, 자식에게 잘해 주지 못했다는 죄책감으로 평생을 살아온 노모는 모처럼 만난 아들에게 오막살이 단칸집을 고치고 싶다는 말조차 하지 못한다. 실은 집을 고치고자 하는 것도 죽음을 맞을 때 자식들이 불편할까 하는 마음에서였다. 그런데 함께 한 아들의 아내가 늙은 노모의 마음속에 담아 둔 추억의 물꼬를 트게 한다. 묻지 않았다면 들을 수 없는 어머니의 내밀한 마음의 이야기. 그 시절 몰락한 살림 속에서 아들에게 차마 가난한 현실을 보이지 않기 위해 행했던 부모의 가슴 저린 이야기를 풀어내게 한다. 이미 나이가 들어 부모와 멀어진 아들은 잠결에 두 여인의 이야기를 듣는다. 그 눈 내린 새벽의 이야기를.

고향을 떠나 고등학교에 다니던 '나'는 형의 술버릇으로 집이 팔리게 되었다는 소식을 듣고 사실을 확인하러 집으로 온다. 행여 아들이 놀랄까 봐 아들이 하루만이라도 편히 쉬어갈 수 있게 노모는 팔린 집을 빌려 예전에 쓰던 이불과 옷궤를 그대로 남겨두고 남겨두고 아들을 맞는다. 다음 날 새벽, 눈이 내린 산길을 지나 아들은 길을 떠나고 배웅 갔던 엄마는 새벽어둠 속에서 아들을 그리며 돌아온다. 아들의 발자국을 밟으며 무수한 축원을 보내며 닿은 동네에 어귀에서 차마 들어서지 못하고 아침 햇살이 부끄러워 뒷산 잿등에 앉았던 그날의 회한. 오랜 세월 어머니 마음 한자리에 봉인된 채 드러나지 않았던 그 슬픈 기억의 한 장면이 아들의 아내, 며느리의 공감 어린 대화 속에 풀어헤쳐진다.

'나' 역시 그날을 기억한다. 살던 집이 팔렸다는 것도 알 수 있었다. 신새벽

동구 밖까지 바래다주겠다던 노모는 다시 마을 뒷산의 잿길까지만 좀 더 바래다주겠다고 우겼고, 그 잿길을 올라선 다음에는 새 신작로가 나설 때까지만 산길을 함께 넘어가자고 우겼다. 그럴 때마다 서로 애달픈 실랑이를 치르고, 눈길에 미끄러지며 서로를 부축하여 면소 차부까지 함께 갔던 기억이 있다. 날이 밝기도 전에 떠나온 고향. '나'의 기억은 거기까지였다. 다시 고향집을 떠나 외지에서 공부할 아들을 보내는 어머니 마음은 생각해 본 적이 없다. '나'는 나대로 힘든 세월을 보내며 자수성가해 일가를 이루어야 했기 때문이다.

그날, 그 이른 아침. 어머니는 왜 햇살 앞에 부끄러움을 느꼈을까? 아들에게 무언가를 해 줄 수 없는 가슴 아픈 모정은 밝아오는 햇살 앞에 자신의 초라한 모습을 비춰보며 안타까워한 것이 아닐까. 부모에게 받은 것이 없기에 마음의 부채가 없다고 당당하게 믿어왔던 아들의 마음은 감춰둔 어머니 사랑 앞에서 여지없이 무너진다.

소설은 마치 액자처럼 내가 하는 겉 이야기가 어머니와 아내가 나누는 속이야기를 싸고 있다. 소설 속 화자인 '나'는 어머니와의 관계의 그물을 부담스러워한다. 어머니를 노인이라 부르며 가능하면 객관적 대상으로 자신과 거리를 두고자 한다. 그 속에 겁 없이 뛰어들어 헤진 그물을 잇는 작업을 하는 이가 아내이다. 그 아내의 초청으로 늙은 어머니는 응어리진 마음속 이야기를 하며 해원한다. 소설 속에서 아내는 남편인 '나'의 상처를 읽어낸다. 부부란 이런 것이 아닐까. 아들과 노모가 풀지 못하는 그 서먹함의 언저리에서 타자로서 그 둘을 이어주며 가족의 사랑을 회복시킬 수 있는 조력자. 노모와 아내, 시모와 며느리, 아니 두 여성이 만나 이루는 하나의 이야기는 모성의 공감이 일으키는 감동이 된다.

「눈길」은 작고한 작가 이청준의 자전적 이야기라고도 한다. 작가의 마음속에 끝없는 그리움으로 글을 쓰게 한 원천이 어머니였으며, 그 어머니가 계시던 고향의 정취가 그의 문학의 토대가 되었음을 알 수 있게 한다. 세상 어떤 대체물로도 대신할 수 없는 고유한 존재가 부모, 자식이라는 것이 새삼스럽게 느껴진다. 부모는 가슴 속에 항상 자녀를 두고 살지만 자녀는 부모가 세상을 떠난 후에나 그 사랑과 존재 의미를 깨닫는다고 한다. 그래서 갚을 길 없는 회한을 자녀에 대한 사랑으로 대신하는 것이 내리사랑이고, 인간 삶의 흐름일 것이다. 이처럼 부모는 알고 자녀는 모르는 것이 있으니 이 또한 생의 비의(秘意)가 아니겠는가. 눈처럼 소리 없이 내리는 사랑의 무게에 무너지지 않을 나무 어디 있을까.

– 최재선, 『기독교 세계』, 2014.11.

〈읽기 자료 2〉

'흰 뼈'와 '눈 한 송이' …한강의 문학은 어떻게 우리를 지켜내는가

한강의 소설은 약하고 연한 살성과 물질인 뼈로 이루어진 인간이 어떤 존재일 수 있는지에 대한 탐구다. 한강의 두 번째 소설집에 실린 단편 '아홉 개의 이야기'는 흡사 아홉 편의 쓸쓸한 연애시를 모아놓은 듯한 작품이다. 이 중 하나인 '어깨뼈'에서는 사람 몸의 가장 정신적인 곳이 바로 어깨라고 말한다. 처음으로 나란히 걸을 때 길이 갑자기 좁아지면서 당신과 나의 마른 어깨가 부딪친 순간을 소설은 이렇게 묘사한다. "외로운 흰 뼈들이 달그랑, 먼 풍경風磬 소리를 낸 순간."

살아 있는 존재들의 뼈는 부딪치며 이렇게 맑은 소리를 낸다. 그러나 훼손되지 않고 생생하게 살아 있는 존재에게서 우리가 흰 뼈를 볼 수는 없지 않은가. 그렇기에 뼈는 인간 역시 다른 모든 생명체처럼 언젠가 죽음이라는 물질의 세계로 반납될 것을 알리는 지극히 건조한 증표이기도 하다. 5·18민주화항쟁을 다룬 『소년이 온다』(2014)와 제주 4·3 사건을 다룬 『작별하지 않는다』(2021)는 모두 참혹한 비극을 다루지만 그사이에 흐른 7년의 시간은 작가로 하여금 조금 다른 방향으로 가게 만들었다. (하략)

– 강지희, 『경향신문』, 2024.10.13.

〈읽기 자료 3〉

책에 눈뜬 인간, 다시는 이전으로 돌아가지 못하리

출간 당시 주목받지 못했다가 뒤늦게 화제가 되며 베스트셀러에 오르는 책들이 있다. 존 윌리엄스의 『스토너』(1965)도 대표 사례다. 뒤이어 발표한 『아우구스투스』로 전미도서상까지 수상했지만 윌리엄스라는 이름은 오래 기억되지 않았다. 반전은 소수의 독자들에게만 입소문으로 알려지던 작품이 2000년대에 재출간되면서 이루어진다. '당신이 들어본 적 없는 최고의 소설'이라는 평판과 함께 급기야는 출간 반세기 만에 '역주행 베스트셀러'에까지 등극한다. 윌리엄스 역시 '완벽한 소설을 쓴 작가'로 재조명된다.

『스토너』는 누가 읽는가에 따라 독후감이 달라지는 소설이다. '농부의 아들로 태어나 대학의 평범한 문학교수로 생을 마친 윌리엄 스토너의 일대기'가 어째서 반세기 만에 새삼스레 주목받으며 최고의 소설로까지 꼽히는가? 스토너가 영문학 교수라는 사실에서 암시를 얻을 수 있는데, 『스토너』에 대한 열광적인 지지자들은 대개 비슷한 지적 배경과 관심을 갖고 있는 독자나 비평가다. 그리고 스토너와 독자들의 공통적인 경험은 책이 인생을 바꾸어놓았다는 것이다. 반대로 그런 경험이 없는 독자라면 『스토너』에 대한 찬양은 과도하게 비칠 수 있다. 작품 속에서도 스토너는 가족에게 이해받지 못하고 동료 교수들로부터는 부당한 대우를 받는다. 『스토너』에 대한 평가에 있어서도 온도차는 있을 수밖에 없다는 뜻이다. (하략)

– 이현우, 『한겨레』 2021.4.16.

② 영화비평문 쓰기

영화비평문은 영화를 비평의 대상으로, 영화에 대한 글쓴이의 비평적 견해를 일정한 형식에 따라 작성한 글이다. 영화비평은 영화 텍스트에 대한 심도 있는 해석을 바탕으로 그 작품이 지니고 있는 숨겨진 의미와 가치까지 찾아주는 역할을 한다. 영화비평문은 영화의 주제, 구조, 영화의 탄생 배경과 사회 문화적 맥락 속에서 영화가 차지하는 의미, 감독의 세계관 등을 다룬다. 영화비평문은 일회적인 영화 감상으로는 쉽게 파악할 수 없는 부분을 깊이 있게 분석하고 평가하는 글이다.

영화비평을 위해서는 영화 텍스트의 장르적 특성과 영화 문법과 언어를 알아야 한다. 영화를 비평하는 행위는 한 편의 영화에 대한 기술적이고 전문적인 분석에서 나아가 영화를 통해 세상과 삶에 대한 관심을 표현하는 것이기도 하다. 그러므로 영화를 분석하고 평가하기 위해서는 인간의 삶에 대한 이해가 선행되어야 한다.

영화비평문을 쓰기 위해서는 영화를 여러 번 보아야 한다. 영화는 장면이 빠르게 바뀌기 때문에 영화에 대한 사전 지식과 관심 사항을 미리 정리해 두어야 영화의 중요한 장면들을 읽어낼 수 있다. 영화비평문에서 주로 언급되는 부분은 영화의 주제나 분위기 등과 같은 내용적인 측면과 영화의 배경, 음향, 촬영, 편집과 같은 형식적 측면에 관한 것이다.

영화 감상문이 영화에 대한 정서적 감응을 자기표현의 차원에서 서술하는 것이라면, 영화 비평문은 자신의 견해를 논리적으로 드러내어 독자를 설득하는 측면이 강하다. 영화비평을 잘 하기 위해서는 영화에 대한 전문적인 지식을 갖추는 것이 필요하다. 영화의 역사 및 서사 구조에 대한 이해, 촬영 및 편집 기술과 특별한 기술적 요소에 대한 지식 등은 영화비평을 보다 심도 있게 하는 데 도움이 된다.

영화 비평문	영화 감상문
- 영화의 예술적, 철학적, 기술적, 사회적 측면을 분석, 평가하는 것이 목적 - 영화의 메시지, 감독의 연출 의도, 배우의 연기, 촬영기법 등을 비판적으로 논의 - 독자에게 영화의 가치와 의미를 논리적으로 전달하고, 비평적 관점 제시	- 영화를 본 후 느낀점, 개인적인 의견을 기록하거나 공유하는 것이 목적 - 주관적인 감정과 의견 중심 - 독자의 공감을 유도하는 감성적 표현 - 자유롭고 개인적인 문체

〈영화 비평문 작성 준비〉

1. 영화의 중요한 순간을 찾아 기록해야 한다.
2. 영화를 여러 번 본다.
3. 영화비평을 위한 기술용어를 이해한다.
4. 다양한 질문을 통해 영화를 이해한다.

학습활동 1

1-1. 자신이 본 영화 중 가장 인상 깊은 영화 한 편을 선정하여 기본 정보를 정리해 보자.

제목	
감독	
배우	
제작 연도	
주제	
특이점	
내용 요약	

1-2. 앞에서 선택한 영화의 비평문을 쓰기 위해 필요한 몇 가지 사항을 자세하게 정리해 보자.

① 영화를 보기 전 이 영화에 대해 알고 있던 사전 지식은?

② 영화의 다음 특징들은? - 음악, 의상, 편집, 특수효과, 미장센, 촬영기법 등

③ 배우들의 연기나 특별한 개성은?

④ 상징적인 장면이나 인상 깊은 대사는?

⑤ 이 영화와 비교할 만한 다른 영화들은?

⑥ 주제를 표현하는 영화적 요소들과 그 효과는?

⑦ 이 영화가 내 삶의 태도와 관점에 영향을 주었다면?

1-3. 위의 자료를 근거로 영화 비평문을 써 보자. 개성적인 제목을 붙이고 영화 비평문 작성에 필요한 요소를 담아 작성해 보자.

제목	

학습활동 2

다음은 영화 〈기생충〉에 관한 글이다. 두 개의 비평문을 읽은 후 내용을 정리해 보자.

예시 1

〈기생충〉, 경계적 인간의 외줄타기

1. 천만 관객 영화 〈기생충〉 다시 보기

봉준호 감독의 〈기생충〉(2019)이 천만 관객을 돌파했다. 사실 이 영화는 천만 관객이 불가능한 영화이다. 영화를 보고 나온 관객은 한동안 찝찝하고 슬프고 괴로운 감정이 일상을 짓누른다. 그만큼 영화가 강렬하지만 즐겁게 볼 수 없는 영화이다. 영화 애호가가 아닌 이상 현실도 고단한데 뭐 하러 이러한 고통스러운 감정을 느끼러 돈 주고 영화를 보러 가겠는가? 하지만 〈기생충〉은 천만 관객을 넘었다. 이 영화는 잘 만들었지만 5백만 정도가 들 수 있는 영화이다. 그런데 '믿고 보는 봉준호'의 효과가 2백만, 칸영화제 황금종려상이라는 가문의 영광을 국민영화로 만들어야겠다는 염원이 2백만, 영화계의 거대공룡인 제작배급사 CGV의 지원이 1백만 정도 보태진 것이 아닌가 한다. 그리고 만나는 사람마다 '일반인은 1회 이상, 영화인은 2회 이상 관람해야 한다'며 떠들고 다닌 나같은 영화평론가도 조금은 일조를 했을 것이다. 영화를 보고도 이해가 잘 안 된다며 다시 극장을 찾는 관객의 역할도 있었을 것이다.

– 서곡숙, 『르몽드디플로마티크』, 2019.9.2.

예시 2

'기생충', 봉준호 감독이 구현한 수직의 세계

봉준호 감독에게 황금종려상을 안겨준 영화 〈기생충〉은 많은 함의들을 담고 있다. 우리 사회, 아니 전 세계의 뿌리 깊은 고민인 극심한 빈부격차 이야기를 이렇게 풀어내는 것을 보면 봉준호 감독은 역시 대단한 존재임이 분명해 보인다. (이하 스포일러 포함)

칸 영화제 황금종려상을 받은 작품은 대중적으로 성공하기 어려웠다. 예술적 가치를 그 무엇보다 높게 평가하는 칸 영화제는 더욱 대중성과 괴리감을 가질 수밖에 없다. 하지만 다른 작품에 비해 〈기생충〉이 대중친화적인 재미를 품고 있다는 점은 명확하다. (하략)

– 장 영, 『미디어스』, 2019.6.5.

	〈예시 1〉
비평가의 관점	
나의 생각 (비평문에 대한 비평)	
	〈예시 2〉
비평가의 관점	
나의 생각 (비평문에 대한 비평)	

학과 :	학번 :	이름 :
제목		

학과 : 학번 : 이름 :

제목

학과 : 학번 : 이름 :

제목

학과 : 학번 : 이름 :

제목

학과 : **학번 :** **이름 :**

제목

학과 :	학번 :	이름 :
제목		

학과 : 학번 : 이름 :

제목